野水瑛介 様

岩城みずほ

2019:10.21

やってはいけない！老後の資産運用

ダマされないための究極のコツ

岩城みずほ
ファイナンシャル・プランナー
CFP認定者

ビジネス社

はじめに

人生はいつまで続くのだろう。長生きするのは幸せなことなのに、お金や健康のことを考えると不安もある……というのが、正直なところかもしれません。50歳代は、もう若くはないと実感する歳ではありますが、「人生100年時代」とすれば、復路が始まったばかりです。

たとえば、会社員の方なら、定年までの残り10年ほどがどのようなものなのか、だいたい見えてきているでしょう。金銭面では、子供さんが現在大学生、あるいはこれから進学となれば、最後の大支出のある時期です。これまでも楽ではなかった住宅ローンは定年までに返しきれるでしょうか。お一人おひとりが、それぞれの立場で事情を抱えて、後半の人生に思いをめぐらせていると思います。

今後は、体力気力ともに十分だったこれまでとは少し違う時間が流れるかもしれません。でも、もうひと頑張りしたあとは、自分らしく幸せな老後を送ることができればいいなと思います。

そのためには「今、何をすべきなのか」ということも大切ですが、それよりももっと重要なのは、「大きく間違えない」ことです。

たとえば、「金融詐欺」。老後不安対策に何かしなければという思いから、被害者になってしまうことだってありえます。

うまい投資話にのって大切な老後資金を失った――たとえば、食品の通信販売を行っていたケフィア事業振興会の「オーナー制度」等の詐欺の負債総額は約1053億円でした。被害者はシニア層を中心に約3万人です（2018年9月）。2018年4月のスマートデイズのシェアハウス「かぼちゃの馬車」も覚えていらっしゃるでしょう。こちらは年収が800万円から1000万円程度のサラリーマンが中心で、被害者は約700人です。

このような金融詐欺は後を絶ちません。未公開株、何かに投資をするファンド、投資対象も海外不動産や老人ホームなど多岐にわたります。

老後への不安が現実のものになりつつある50代は、ターゲットにされやすいので、くれぐれもお気をつけください。おいしい話など存在しませんし、あなただけに特別な情報や商品がもたらされることも絶対にありません。

また、違法ではないけれど、**「罠《わな》」**は多々あります。明らかに不利な商品を買わされてしまうケースも多いのです。自分の知識不足や間違いを恥じて、あきらめてしまう人も少なくないと思います。でも最低限の知識と情報を一度頭に入れておけば、今後、再び間違うこともありません。

本著は、いわばリタイアまでの助走期間である今、やってはいけないことをテーマにしています。もちろん、これは、50歳代の方だけに特別なものではありません。若い人でも、もっと高齢者であっても同じです。

そして、もう一つ、お金の正しい扱い方についても書いています。

金融庁の金融審議会がまとめた報告書は、「老後2000万円不足する」がひとり歩きして大騒ぎになりました。

老後いくら不足するかは人によって違うので、平均値はまったく気にする必要はありません。本書でもご紹介していますが、自分の必要貯蓄額を求めて、老後に備えて準備をしていけばいいのです。

金融機関の商品パンフレットなどでも老後資金の不足を求め、「今のままだと老後資金が2000万円不足しているので、この外貨建て保険で作っていきましょう」などと金融商品を勧められるケースは多いのです。「2000万円も足りない！　どうしよう！」と、慌てて金融機関や街の保険ショップ等に駆け込まないでくださいね。

これから何をしていけばいいのか、長いリタイアメントライフの幸せや豊かさを増やすシンプルな方法もお伝えしています。

実は、「お金の正しい扱い方」は非常にシンプルなのです。少しも難しくはないのです。残念ながら、「本当のこと」を教えてくれるお金の専門家や金融機関の人が非常に少ないために、これまで「お金についての正しいこと」が伝えられてこなかっただけです。なぜなら、私たち生活者にとってお金を増やすのにふさわしくない金融商品は、売り手にとっては儲かるものです。私たちにとって有益な情報は、売り手にとってはまったく利益につながらないという不都合な真実があるためです。だから、**「お金を増やすためのシンプルな方法」**はなかなか知る機会がなかったのです。

というわけで、本書は、お金の専門家や金融機関が教えてくれない、学ぶ機会がない大切なことについて、お伝えしています。かなり思い切って書いています。ここを間違えず、基本的なことを正しく実行していただければ、ご自身が思い描くリタイアメントライフを安心して送っていただけると思います。ぜひ、ご参考にしてくださればうれしいです。

岩城みずほ

もくじ

『やってはいけない！　老後の資産運用』

第3章 あなたのお金を狙う人たちに関わってはいけません

第4章　買ってはいけない金融商品

解決篇 こうすれば問題は解決する

第5章 50歳からの資産防衛

問題篇

やってはいけないこと

第1章

50代以上の「現実」

金融商品から入るのはＮＧ

「寿命が延びているし、長生きをしたら、老後資金が足りなくなるのではないか」と不安を持っている人は多いでしょう。

そんなとき、銀行や街の保険乗り合い代理店、大手のファイナンシャルプランナー（以下ＦＰ）事務所（お金について総合的にアドバイスにのるという形ですが、保険代理店です）に相談に行く人がなんと多いことか——餅《もち》屋は餅屋、お金のことならプロに相談すればよいと思っているのでしょうが、それは大きな間違いです。

たとえば、銀行の窓口で、「老後資金を増やしたくて」などと相談すれば、「それなら外貨建て個人年金保険がよろしいのではないでしょうか」「こちらの投資信託は今、非常に売れ筋ですよ」とすぐに商品が出てきます。

結論から言います。

「すぐに金融商品を買ってはいけません。金融商品を選ぶのは、いくつかのことを考えた一番最後です」

そして、金融商品を売っている人のアドバイスは聞いてはいけません。

なぜなら、彼ら銀行員は、販売員であり、アドバイザーではないからです。保険ショップのアドバイザーやＦＰ、証券会社のセールスの人も同じです。

彼ら彼女らはみんな、一応、あなたのニーズや目的、何年くらい運用できるかなどを聞いてはくれるでしょう。でも、結局は、金融商品を売りたいのです。売ることが目的です。アドバイスは、商品を売るための道具にすぎません。あなたが、自分の老後の不安について正しく合理的な解決方法を望むなら、相談すべき人が違います。

彼らの話を聞いて金融商品を購入し、問題が生じてご相談にいらっしゃる方があまりにも多いので、私は、最近、資産形成をするときにまず避けなければならないのは**「人のリスクだ」**と考えるようになりました。

老後不安を解消するために、「じゃあ、個人年金保険に入ろう」「外貨建て養老保険を買おう」など、すぐに商品を買わないことです。また、短時間で成果を出そうとしないことです。50歳代という年齢で、定年までに投資で資産を2倍3倍にするなど普通は不可能です。うまい話はありませんし、特別に儲かる商品はありません。

「必ず増えます」「元本割れしません」「高金利です」などと商品を勧められたら「そんなうまい話はない。カモにされようとしているのではないか」と疑ってください。

一方、お金について不安や問題が生じたときに、保険代理店ではないＦＰのことを思い浮かべる人は、残念ながらとても少ないのが実情です。

アメリカなどでは、「大切なお金でどんな商品を買うのかを決める前に、誰をアドバイザーとして選ぶかを決めることが大切だ」と認識する人が増えています。生活者は、投資を始めるときには、顧客の利益を一番に考えて、そして実行してくれるアドバイザーを選ぶことに労力を費やします。十分な訓練を受けていて経験豊富で、プロフェッショナルとして信用できて、手頃な相談料で、自分が求める金融商品について十分な知識を持っている人を比較検討して選びます。

よいファイナンシャルアドバイザーは、顧客のライフプランの希望や考え方に沿って相談にのり、適切なアドバイスをしてくれて、シンプルで正しい運用方法を教えてくれる。間違っても、自分が売りたい商品を売ったりしないということを知っているからです。少なくとも、そういう投資教育の重要性が認識されていますし、実際に行われています。

アメリカやイギリスでは、ファイナンシャルアドバイザーに、フィデューシャリー・デューティー（顧客本位の業務運営。以下ＦＤ）を遵守する義務を厳しく課しています。イギリスなどでは、老後資金の運用については一切のコミッションも禁止されていますので、生活者も安心して、自分の目的や意向に合ったアドバイザーを選ぶことができるのです。

しかし日本では、個人のお金の専門家であるＦＰに相談すれば安心かといえば、そうとは言い切れません。ＦＰの中には、中立を装いながら、最終的には保険や投信を売ることを目的にしている人も大勢いるからです。

世間では、ＦＰといえば「保険屋さん」と思っている人も少なくはありません。保険を売れば、販売時の手数料のほか、お客様が商品を保有している間、一定期間ないしは継続的に手数料が入る仕組みがあり、安定した収入となるので、中立なアドバイスよりも売りたいものを売るという発想になりやすいのだと思います。

実は日本でも、２０１７年3月に金融庁が金融業界全体へのＦＤの浸透を目指して、「顧客本位の業務運営に関する原則」を策定、公表しました。これを受け個人の相談等を受ける私たちＦＰも、ＦＤ宣言を行う必要があると感じ、私は、同年6月17日にＦＤ宣言をして金融庁に届けました。ＦＰ協会の会員向け情報誌に寄稿したり、講演等をして、お仲間を増やしたいと思いましたが、２年経つ今もその浸透はイマイチです。

残念ながら、生活者が、「商品販売をしない中立的な立場で、顧客の利益優先で相談にのり、最善の方法を提示してくれるアドバイザー」を見つけるのが難しいという状況です。そのせいで、なかなか運用の一歩が踏み出せず、預貯金の割合が多く、効率的な資産形成ができない人が少なくありません。老後不安を払拭《ふっしょく》することができないのです。

金融庁の作成した資料に、「家計所得の日米比較」というデータがあります。２０１８年現在で、米国の株式、投資信託の保有割合は約43％、預貯金は13％です。対する日本は、株式投信約17％、預貯金54％です。

でも、最初から米国のリスク商品の保有率が高かったわけではありません。１９９２年頃までは日本とさほど差はないのです。しかし、米国では、退職口座（ＩＲＡ、４０１〈ｋ〉等）で、現役時代から投資信託を中心として資産形成を継続した結果、金融資産は20年間で8倍強に増加しました。日本は、貯蓄率が低下傾向にあり、かつ、預貯金の割合が高いために、この20年間で金融資産は2倍程度にしか増えていません。

制度面以外にも、低コストのインデックスファンドが運用に積極的に用いられるようになったこと、ＦＤの強化、浸透、そして、独立系ファイナンシャルアドバイザーの増加などが背景にあります。

これらの流れをみると、日本も、議論の余地はまだあるものの、イデコ（ｉＤｅｃｏ、個人型確定拠出年金）やつみたてＮＩＳＡ《ニーサ》（少額投資非課税制度）などの制度が整い、低コストの投信ラインアップも揃《そろ》った今、次なるはプロフェッショナルとしての知識、経験、倫理観に基づき、顧客に信任されるアドバイザーの育成とその存在が認知されることが必要だと思います。

先日、金融庁の遠藤俊英長官のお話を伺う機会があったのですが、長官も、良質なアドバイザーの養成が必要であるとおっしゃっていました。

アドバイスを、商品販売をするための道具くらいにしか考えていない人も多い中、変革は大変な道のりだとは思いますが、ＦＤ宣言をしたアドバイザーが増えれば、正しい投資教育が日本中で展開できると信じています。それは、人生１００年時代、生活者に安心で豊かな人生をもたらすための大きなサポートとなるはずです。金融機関から独立した立場で、生活者の利益を第一に考えて、忠実な立場で助言を行うプロフェッショナルなアドバイザーの必要性は高まっています。

また、生活者の皆さんにも、「良質なアドバイスを受けることは、料金を払っても価値があることだ」と気づいてもらわなければなりません。

人生１００年時代、豊かで幸せな人生を送るためには、なるべく長く働き続けること、公的年金を柱としながら、自助努力で資産形成を続けることが両輪で重要です。

効率的にお金を増やしていくには、正しいマネーリテラシーが不可欠です。「生活者のマネーリテラシーの向上」と「信頼できるアドバイザーの育成」の両方が必要なのです。

マネーリテラシーを身につけよう

マネーリテラシーについてももう少し付け加えます。

一発当てる銘柄を選ぼうとしたり、海外不動産投資に賭けようとしたり、また、本気で宝くじを当てることを狙《ねら》っているという人がいます。もちろん自己責任ならいいのですが、老後の安心のためにということならば、考え方を変える必要があります。仮に、儲かる銘柄を当てたとしても偶発的な要素が非常に大きいと思いますし、そんな投資を続けていたら、いつかは大きく資産を減らすことになりかねません。また、宝くじに当たるかどうかは「運」のみに左右されます。投じたお金（宝くじを買った代金）は、株式に投資をするのとは違い、なんら実体としての裏づけのない偶然性に賭けるにすぎないのです。

投資で「ハイリスク・ハイリターン」という言葉があります。リスクというのは株価などの価格の変動のことです。どうなるか、わからない不確実性が大きいほど、リターン（収益率）も大きいということですが、宝くじは、「ハイリスク・ノーリターン」。リスクに見合うリターンを得ることはできません。よっぽど「運」のいい人がいるにはいますが、年末ジャンボ宝くじの1等に当たる確率は1枚につき1000万分の1ということです。

また、金融商品は、必ずしもリスクとリターンのバランスが取れているわけではなく、コストが高いゆえに結果的にハイリスク・ローリターンになるものもあります。下手をすると、大切な老後資金を減らしてしまうことになりかねません。お金を無駄に減らさないように注意しながら、安定的に資産形成をしていきましょう。

ＦＰとしては不都合なことではありますが、一人ひとりがマネーリテラシーをしっかり身につければ、ＦＰはいりません。私は、本気でそう思っていて、運用のスタートアップのときに1～2回相談に来ていただいたり、何か迷ったり困ったりしたときにご相談くださるのはいいけれど、基本的には自分で管理ができるようになってほしいと思っています。「お金のことは、自分で何とかしなくてはならない大切な問題だから、一人ひとりがお金についての正しい知識を身につけてくださいね」という気持ちです。

ですから相談に来た方や勉強会では**「解決策」**と一緒に**「杖《つえ》」**もお渡ししています。「知識の杖」です。「魔法の杖」ではありませんが、知識としてきちんと身につけておけば、大切なお金を失わないですみますし、長い人生を安心して暮らすための準備をしていくことができます。本書も同じように、皆さんに「杖」をお渡しするつもりで書いています。

お金は、決して、人生の中で一番大切なものではないですし、お金があれば必ず幸せになれるというわけでもありません。けれど、生きるためにお金は必要不可欠ですし、お金があることによって人生の自由度が大きく増すのは確かです。特に老後の豊かさと安心は、ある程度お金で買えるものでしょう。

「お金」は、単なる**「手段」**です。「安心」や「快適」や「幸せ」や「満足感」と交換できる「手段」なのですから、できるだけシンプルに扱えばいいのです。複雑なもの、内容をよく理解できないものは、それだけでアウト。手を出すべきではありません。これも重要なマネーリテラシーの一つです。

複雑な保険を買って老後資金の不足を埋めようとしない

これからリタイアメントまでに老後資金を少しでも増やしておこう！　と決めたとき、気をつけたいのは、保険を含めた金融商品をすぐに買わないことだと言いました。

日本人は保険がとても好きです。保険の加入者は相当多いのですが、もしものときの保障だけでなく、「お金を貯める」といえば、「保険」を思い浮かべる人もまた多いのです。しかし、特に今売れ筋の外貨建て保険は、**「複雑なもの」**の代表格です。私のところにご相談に来られる人で、自分の買った外貨建て保険の商品内容、リスクなどを正確に理解している人はほぼいません。

先日、お金の相談にこられた53歳の女性Aさん（自営業）は、20代で独立して以来懸命に働き、堅実な生活を送ってこつこつと貯金を増やしてきました。現在の預金額は2000万円です。しかし、加齢とともに体力的な限界を感じるようになり、この先、いつまで仕事ができるのかと考えるようになりました。同時に、最近よく耳にする「人生100年時代」というフレーズにも不安を掻《か》き立てられます。長い老後、お金が持つのか心配でした。

そんなとき、よく利用する生活雑貨の通販サイトから無料マネーセミナーの案内がありました。お茶とスイーツを頂きながらマネープランについての話を聴けるとあり、Aさんは、気軽な気持ちで参加しました。ちょっと余談ですが、最近は、金融業とは関係ない会社が金融事業を始めたり、提携したりすることも増えています。また、会社の福利厚生でマネーセミナーが開催されて、その後の個別相談で、外貨建て保険を勧められたという相談も少なくありません。

さて、このAさん、初めて聞くお金の話は勉強になり、あっという間の1時間でした。セミナー後は、無料でFPが相談にのってくれました。これまで投資をしたことがないというAさんに、「保険なら元本保証があるので安心ですよ」と、二つの保険を提案してくれました。

一つは、「このままでは、老後に約1250万円の資金が不足するので、15年間で増やしましょう」と、1250万円の一時払い保険料を支払い、倍の2500万円にするという**「①米ドル建て変額保険」**。もう一つは、**「②米ドル建ての介護終身保険」**です。この保険は、「公的介護保険制度の要介護2以上の状態になったとき」など、支払い事由にあてはまると保険金が支払われます。介護状態にならなければ死亡時に保険金がでます。おひとりさまのAさんは、死亡より心配なのはむしろ、病気やケガで介護状態になった場合だと切々と説かれたそうです。

どちらも、金利の低い円建ての保険に代わって最近熱心に売られている外貨建て保険です。保障と貯蓄がパッケージになっているもので、「死亡リスクに備えながらお金が貯められる」という触れ込みですが、コストが非常に高いので、その分、運用成果を損なってしまいます。お金を増やしたいAさんには向かない商品です。でも消費者にとってコスト高で不利なものは、売るほうにとっては手数料がたくさん入る売りたい商品ということなのでしょう。

また、このFPがいう「保険なら元本保証があるので安心ですよ」も正確ではありません。元本保証されているのはあくまで外貨ベースです。保険金受け取り時に契約時より円高になっていれば元本割れする可能性がありますし、一定期間内に途中で解約すれば、元本割れします。Aさんは、これらを理解してはいませんでした。渡された保険設計書やパンフレットを見てもチンプンカンプンで、言葉も難しいし、読む気さえ起こらなかったといいます。

しかし、このFPは何を根拠に、「1250万円を15年間で2500万円にしましょう」などと言えるのでしょうか。設計書も、為替のリスクや運用成績がふるわなかった場合などまったく考慮されず、確実にお金が増えるというシミュレーションでした。つまりバーチャルです。ずいぶん無責任な提案です。

また、53歳のAさんに介護保険を勧めるのもどうかと思います。

厚生労働省の「介護費給付実態調査」によると、女性の介護費の受給割合が2人に1人

（45％）になるのは、85歳以降です。Aさんが要介護認定を受ける可能性が高まるのは32年後ということになります。また、Aさんと同じ１９６５年生まれの女性の２人に１人が死亡するのは97・５歳ですから、死亡保険金を受け取る可能性が高まるのも44年以上も先のことです。かなり遠い未来のことです。その頃、お金の価値も社会保障制度の要介護認定の仕組みも変わっている可能性があります。

民間の介護保険は、支払い要件が定められています。高額な保険料を支払い、もしものときに備えるより、いつでも自由に使える貯蓄を増やしていったほうがより安心です。そして、なるべく長く健康でいられるように病気の予防に努めることが大切です。

私は、「未来の心配のために、利回りを何十年も固定してしまうより、税制優遇のある口座で、低コストのインデックスファンドを使って適切に長期分散投資をしていくほうが合理的ですよ」と伝えました。

先のようなセールストークに心を動かされたとすれば、自分のお金を守るためにもしっかり本書をお読みいただきたいと思います。そもそもの大きな間違いは、繰り返しますが、不安を解消するために金融商品を買って対処しようとすることです。自分だけ、特別によい商品を紹介してもらったという気持ちなのかもしれませんし、不安を解消するために対策を講じたと安心感を覚えるのかもしれません。

しかし保険に入ったからといって病気の罹患率《りかんりつ》が下がるわけではありません。保険は貯蓄もできて一石二鳥などと思っているとしたら、今の低金利時代、「保険でお金を増やすのは夢の話だ」ということを知ってください。

今感じている経済的な不安への対処は、しっかり貯蓄をしていく以外にはありません。正しい方法で貯めて増やしていくことです。そのためには、長期の契約で大きな固定費となる民間保険の保険料は必要最小限に抑え、なるべくたくさん貯蓄をすることが必要です。「不安」に対し、すぐに「商品」を選ぶのは間違いです。介護のために、老後のためにといった目的別に**「お金を色分けする発想」**もやめましょう。

また、「ゴールベース資産管理」という手法があります。自分の思い描く人生のゴール（夢や目標）を決め、その実現に向けて運用プランを立てるというものです。人生相談をして、金融商品も勧めてもらえるわけですが、これにも注意が必要です。効率的なお金の貯め方は、何歳だろうと、どんな夢や目標があろうと同じだからです。あなたの悩みに応じて、特別な方法があるなどということはありません。この「ゴールベース」の考え方は、セールストークですので注意してください。資産運用に必要以上の目的を持つ必要はありません。今の収入を全部使わず、将来のために、毎月決まった貯蓄額を淡々と積み立て、運用していけばいいのです。必要が生じたら、その都度取り崩せばいいのですから、特段、目標値（ゴールの金額）を設定する必要はないでしょう。

退職一時金での投資デビューはご用心

ご相談で多いトピックを三つご紹介しておきましょう。一つ目は、退職一時金の運用のご相談です。多額の退職金が振り込まれると、「このお金をうまく運用しなくては」と思う人は多いようです。大金が振り込まれた途端に銀行から、「ぜひご提案したいことがあるのですが……」などと丁寧な電話がかかってくることも関係しているのかもしれません。銀行などで提案を受けると、この機会を逃すととんでもなく損をしてしまうかのような錯覚に陥ってしまうようです。そして、これまで一度も投資経験がないにもかかわらず、**「エイヤと投資家デビュー」**をしてしまうのです。

投資の大原則である「長期・分散・低コスト」を知らぬまま、よく理解できない商品に、勧められるままに大金を投じてしまう――。はっきり申し上げてそれはこの上なく無謀な行為です。手数料稼ぎのために顧客に必要以上に売買を繰り返させる回転売買の罠《わな》などにはまってしまうと老後貧乏まっしぐらです。

私のところにも、銀行から提案された通貨選択型の投資信託、ハイ・イールド債券ファンドやテーマ型の毎月分配型投資信託、外貨建て保険の設計書等を持ってご相談に来られる方がいます。

先日の方は、ファンドラップのパンフレットを携えていらっしゃいました。ご夫婦でいらっしゃる場合、たいてい奥様のほうは不機嫌です。猜疑心《さいぎしん》たっぷりの眼差しで私を見据え、「絶対に騙されるものか！」というように構えていらっしゃいます。

しかし、話をするうちに、その表情は和らぎ、途中からは夫をさえぎり、前のめりで話の主導権を握ります。

「こんなよくわからないものを買おうなんて、私は反対しているのです！」

「大切な老後資金を一括投資なんてありえないですよね――！」

冷静な奥様のおかげで、すんでのところでみすみすカモにならずにすんだのでした。

「退職金一括投資で投資家デビュー」などというトラップに陥らないためにも、なるべく早いうちから正しい資産運用を始めることが大切です。

実は、金融庁が２０１６年9月に出した「金融レポート（平成27事務年度版）」の中で、投資家にとっての適性や実質的な手数料の高さなどから問題にした商品3点が挙げられています。

①毎月分配型など頻繁に分配金がある投資信託（年金が払われない奇数月に分配金が出る投信も）、②ファンドラップ、③貯蓄性の生命保険（主に外貨建て）の3商品です。これらがなぜダメなのかについては第4章で解説しています。

どれも今、銀行で熱心に売られているものです。銀行は、皆さんの資産状況を把握しているのですから、「お金がない」などと言い逃れをすることができません。相手の陣地には近づかないこと、話を聞かないことが一番です。

では、老後資金を積み増していくのに具体的にどうすればよいのかということですが、なるべく早い時期から税制優遇の大きな「iDeCo（個人型確定拠出年金）＝イデコ」や「つみたてNISA」「NISA」などを優先的に利用して積立投資をしていくことです。適切に分散し、低コストの商品で長期で運用する具体的な方法については本書でも解説していますが、これらの制度を利用するのに50代では遅いということはありません。60代ではイデコは利用できませんが、「つみたてNISA」と「NISA」は使えます。もちろん長い老後、物価が上がっても、モノを買う力（購売力）を減らさないように資産の一部を運用していくことは必要です。

現在の収入は、今の生活費であると同時に将来の自分を支えるお金です。全部支出しないで、一定割合を貯蓄していきましょう。必要貯蓄率をきちんと貯めていくことができれば、老後不安は解消します。人生のお金の問題の解決法は実にシンプルなのです。でも、それができないという人が多いので、一発逆転を狙う、より短期間で成果を得たいと、投機的な商品が売れたり、流行《はや》ったりするのでしょう。繰り返しますが、特別に儲かる方法などありませんし、あなただけによい儲け話が転がってくるということも絶対にありません。**「うまい話はこの世にない」**。これだけ肝《きも》に銘《めい》じておくだけでも、大切なお金を減らさずにすむのではないかと思います。

そして、人生100年時代、いかに長く働き続けることができるかがライフプラン上、重要です。60歳で仕事を辞めてしまうと、一般的には65歳の年金受給開始まで貯蓄を取り崩すことになります。仮に、生活費として毎月20万円を取り崩すとすれば、5年間で1200万円にもなります。

しっかり公的年金の保険料を納め、定年後も継続雇用などで少なくとも5年間働き続けることです。働いた分、年金額も増えます。

高齢の医療保険の加入は慎重に

二つ目に多いのは、医療保険のご相談です。先日も60代前半の女性が、現在加入している医療保険が古いタイプのもので、一週間以上の入院でなければ入院給付金が受け取れないので入り直すべきかというご相談に来られました。

医療保険とは、病気やけがで入院したら一日1万円など、給付金を受け取れるというものです。以前は、一定以上の長期入院しか保障しない商品が多かったのですが、入院一日目からなど、短期入院でも入院給付金が受け取れるものが多くなりました。日帰り手術や通院治療にも給付金が出るなど近年の医療事情に合わせて保障内容も充実してきています。

しかし、まずは、そもそも保険が本当に必要なのかを考えることです。必要だと思えば、保険料は高くないか、他の保険と比べてみることが大切です。保険料負担が大きければ、今後、年金中心の生活になれば、継続するのが難しくなってしまいます。

保険料は一般的に年齢が上がるほど高額になります。60代女性の保険料は、保障内容にもよりますが、一般的な医療保険で月1万円前後になるでしょう。保障内容が充実すればその分保険料も高くなります。持病があっても入れますという引受基準緩和型医療保険だとさらに保険料は上がります。

医療保険で給付金がいくら受け取れるのかという期待値を、厚生労働省の患者調査（2014年）の年代別の一入院あたりの平均日数と一年あたり入院率から算出すると、入院した60代女性の平均入院日数は30日です。日額1万円の保障なら受け取る給付金は30万円。これに1年あたりの入院率11・9%を掛けると期待値は3万5700円にすぎません。月1万円の保険料は、給付金期待値に対して極めて高額なのです。また、厚生労働省の「医療施設（動態）調査・病院報告の概況（平成28年）」によると、平成14年は22・2日だった「一般病床における平均在院日数」は、「16・2日」に短縮しています。

健康保険も財政が苦しい状況ですので、入院日数はより短くなっています。一方、通院治療は増えています。だからといって通院保障が付いている保険に入り直そうなんて思わないでくださいね。入院や通院をしなければ給付金が受け取れない保険よりも、何にでも自由に使える預貯金のほうがよっぽど安心ですし、役に立ちます。

医療保険の持ち方のポイントは、「健康保険制度」の内容をしっかり把握して、足りない部分を自助努力でおぎなう（私的保険に加入する）ことです。私たちは、毎月、社会保険料を支払っています。会社員の方は給与から天引きされていますね。すでに公的保障を持っているのだということをまず知りましょう。

内容はというと、70歳未満は、通常、病院にかかった際の窓口負担（自己負担）は3割ですみます。70歳以上は、一般で2割、一定以上所得者（標準報酬月額が28万円以上。以下「一定以上所得者」という）で3割です。75歳以上の後期高齢者医療制度加入者の自己負担は、一般で1割、一定以上所得者で3割です。

医療費が高額になった場合は、「高額療養費制度」を利用することができます。70歳未満と70歳以上によって、また所得によって自己負担限度額は違います。70歳未満で、所得が月額28万円未満の場合、同一の月に同一の病院等の自己負担限度額が5万7600円を超えるときは、超えた部分が「高額療養費」として支払われます。

8万100円＋（医療に要した費用－26万7000円）×1％

8万100円＋（100万円－26万7000円）×1％＝8万7430円

標準報酬月額が28万円以上53万円未満ならば試算式のように、仮に医療費が100万円かかると、3割負担で30万円ですが、最終的な支払額は8万7430円ほどになります。約21万2570円が「高額療養費」として支払われます。

また、1年間（直近12ヶ月）に3ヶ月以上高額療養費が支給されていると、4ヶ月目以降は、自己負担額が4万4400円に軽減されます（多数該当の負担軽減）。同一世帯で同一月内で、自己負担額が2万1000円以上のものが複数あるときは、世帯で合算して、

例）6月において
70歳以上の被保険者（一般所得者）が病院にかかった場合

夫Aさん

外来　窓口で支払った金額（自己負担額）

B病院	20,000円	金額問わず合算
C病院	10,000円	
D病院	23,000円	
合計	53,000円	

妻E子さん

窓口で支払った金額（自己負担額）

F病院	20,000円	外来
G病院	60,000円	入院

◉70歳以上の高額療養費には21,000円以上という合算対象基準は設定されていない。

夫（Aさん）外来　B病院　C病院　D病院

（20,000円＋10,000円＋23,000円）－18,000円＝35,000円
が高額療養費

妻（E子さん）外来　F病院　20,000円

20,000円－18,000円＝2000円
が高額療養費

（18,000円：外来限度額）

妻（E子さん）入院　G病院　60,000円の支払い

世帯負担額は、18,000円＋18,000円＋60,000円＝96,000円
96,000円－57,600円＝38,400円
が高額療養費

（57,600円：世帯限度額）

高額療養費の合計は、75,400円

その超える額が高額療養費として支給されます。

70歳以上は、一定以上所得者は70歳未満と同じですが、世帯合算の2万1000円以上という基準額はありません。金額にかかわらず合算できます。一般の所得の場合は、外来(個人ごと)で自己負担限度額が月額1万8000円(年間上限14万4000円)を超えると高額療養費として支給されます。

35ページをご覧ください。

今年の6月に夫Aさんが、B病院の外来で2万円、C病院の外来で1万円、D病院の外来で2万3000円の自己負担があったとします。合計で5万3000円です。そこから自己負担限度額の1万8000円を差し引いた3万5000円が高額療養費として支払われます。

また同じように、妻のE子さんが、F病院の外来療養で2万円を支払った場合、高額療養費は2000円です。同一月にG病院で入院して6万円を支払った場合、Aさんの自己負担限度額の1万8000円とE子さんの自己負担限度額の1万8000円と入院時の6万円を合計して、世帯合算の自己負担限度額5万7600円を超える部分の3万8400円(=9万6000円−5万7600円)が高額療養費として支払われます。高額療養費の合計は7万5400円です。

多数該当の場合は4万4000円になり、負担はさらに軽くなります。

このように、入院したとしてもある程度の貯蓄があれば、そう困ることもないのです。60代の今から医療保険に入り直す必要はありませんし、現在の保険を継続するか、解約して保険料分を貯蓄するのが賢明です。年齢問わず会社員なら生活費の半年分、自営業なら1年分の貯蓄があれば医療保険は不要でしょう。むしろ60代でこの貯蓄額を下回っているなら、医療保険に入るなどと言っている場合ではありません。大急ぎで家計を見直し、老後に備えましょう。

結婚も卒業？　熟年離婚という選択も

三つ目に多いご相談は、実は、離婚をしたら年金がどのくらいになるかというものです。

人生、山あり谷あり。愛し合って結婚した夫婦にも離別のときが訪れることもあるでしょう。価値観の相違などは如何《いかん》ともしがたく、ストレスを抱えながら生きるより、さっさと離婚したほうがいい場合も多いと思います。実際、離婚原因のトップは性格の不一致だとか。

収入があれば、離婚して人生をやり直すことが可能です。リタイアメントへの助走は、夫婦関係を見直す最後のチャンスかもしれません。

熟年離婚はしてもいいと思いますが、収入はぐっと減ることを覚悟して周到な準備をする必要があります。大抵の場合、婚姻期間中に築いた財産は折半になりますが、考えなくてはならないのは老後です。年金生活は苦しくなると覚悟することが必要でしょう。

老齢年金は、ずっと妻が専業主婦の場合、婚姻期間中の夫の老齢厚生年金は折半になります。たとえば、婚姻期間30年間の老齢厚生年金額が月額10万円の場合は半分の5万円です。自分の老齢基礎年金と合わせて、多くても12万円弱ということですね。

ともに会社員の場合は、老齢厚生年金を合算して半分に分割します。妻の収入のほうが多い場合は、夫へ年金を渡すことになります。

自営業の場合は、老齢厚生年金がありませんので、20歳から60歳になるまでの40年間の全期間保険料を納めた人は、満額で約78万円、月6万5000円ほどです。これは分割対象にはなりません。

リタイアメントへの助走期間にできることは、公的年金を増やすことです。専業主婦の人は、しっかり働いて、自分で社会保険料を納めましょう。離婚をするなら当然ですが、老後のおひとりさま対策として一生受けとれる自分の年金額を増やすことです。

２０１８年1月から、夫の「配偶者控除」がストップする妻の収入が「１５０万円」になりました。今まで言われていた「１０３万円の壁」が「１５０万円の壁」になったのです。夫の所得によっても違いますが、妻の収入が１５０万円を超えても、段階的に「配偶者特別控除」が受けられますから、夫の年収は大きくは減りません。

しかし、妻のほうは、週30時間以上１３０万円を超えて働くと、夫の社会保険の扶養から外れて、自分で社会保険料を支払わなければならなくなります（従業員５０１人以上の会社では、週20時間を超えて働いたら１０６万円超で厚生年金に加入。労使合意がある場合は、従業員５００人以下の企業でも同じ条件で厚生年金に加入）。

たとえば、１３１万円稼ぐと、厚生年金保険料、健康保険料、介護保険料の合計が約19万８０００円になり（H31年4月分〈令和1年5月納付分〉から。東京都の場合）、手取りはその分、減ることになります。

しかし、ここで**「ソン」**と思うのは間違いです。自分で社会保険に入ることで将来もらえる年金は増えるからです。厚生年金に加入することになるので、将来、老齢基礎年金に上乗せして老齢厚生年金を受け取ることができるのです。

では、元の手取りを回復するくらいに稼ぐとどうでしょう。年収約155万円とした場合、保険料は年間約22万6000円です。10年間保険料を納めるとすれば、受給年金は約8万5000円上乗せされます。終身で受け取れますから、特に寿命の長い女性にとっては心強い限りです。

もう少し頑張って、年収約300万円を稼ぐようにすれば、年金保険料は約47万円になりますが、10年働くと年金額は16万4000円上乗せされます。会社が保険料を同じ金額支払ってくれるので（労使折半）、このように年金額が効率的に増えるのです。また、基礎年金部分も1年につき約2万円増額されます（480月まで）。

さらに、自営業や自営業の妻など第1号被保険者の人は、次のような方法で年金を増やすことができます。

①40年（480月）の保険料納付済期間がない人は60歳以降も任意加入をする。

②月額400円の付加保険料を収めると、「200円×付加保険料納付月額数」の付加年金を受け取ることができる。

付加保険料を10年間（合計4万8000円）収めると、65歳から老齢基礎年金に年額2万4000円が上乗せされます。もちろん一生涯受け取ることができます（国民年金基金加入者は付加保険料を納めることはできません）。

③国民年金基金に加入する。

一口いくらの掛け金を納めることで、65歳以降、老齢基礎年金に上乗せして年金を受け取れます（イデコと併用する場合は、拠出金の合計金額の上限は6万8000円）。

年金を増やすには**「繰り下げ受給する」**という方法もあります。年金受給を70歳まで繰り下げることで、「繰り下げた月数×0・7％」が増額されます。65歳で受給するよりも、70歳まで繰り下げることで、「42％」も年金額を増やせます。老齢基礎年金しかない人も、78万円が約110万8000円になります。付加年金も老齢年金に合わせて繰り下げられ、同じ割合で増額されます。増額率は一生続きます。ちなみに、65歳より早く受け取ることができる繰り上げもありますが、月に0・5％減額されます。付加年金も同じく減額されます。

第2章

50歳を過ぎたら
やってはいけない

「やってはいけないリスト」

お土産付き無料セミナーは行ってはいけない ➡	なぜ経費をかけてもタダで開催したいのかを考える ➡	タダより怖いものはない
不動産投資で不労収入を得ようとしてはいけない ➡	どんなリスクがあるのか洗い出す ➡	不動産投資は片手間で成功するほど甘くはない
退職一時金で住宅ローン残高を返済してはいけない ➡	いくらまでなら返済にあてても大丈夫かしっかり試算する ➡	「退職金で一括返済」を安易に計画に入れてはいけない
お葬式代で終身保険に入ってはいけない ➡	損益分岐点を計算すれば不利は明白 ➡	保険で用意する必要は全くない
引受基準緩和型医療保険は入ってはいけない ➡	保険料が割高だけど保障内容は薄くなる ➡	支払い事由に該当しないと支払われない保険より預貯金のほうが安心
健康不安で保険に入ってはいけない ➡	公的保障の内容を理解し、無駄な保険には入らず、貯蓄を増やすのが賢明 ➡	保険に入ったら病気の罹患率が下がるわけではない 何にでも自由に使える現金のほうが安心
トンチン年金は掛け損になる可能性大 ➡	長生きリスクに備える保険は保険料が割高 ➡	トンチン年金よりも年金の繰り下げを
コストのデパート外貨建て保険でお金を貯めてはいけない ➡	保険だから安心ではなく、外貨建て保険はリスクがいっぱい。リスクを正確に理解する ➡	コストの分、運用利益は毀損される
「デパート友の会」には入ってはいけない ➡	デパートでしか使えない商品券と自由に使える現金とは違う ➡	「デパート友の会」はデパートの販売戦略の罠
借金はしてはいけない ➡	借金は、複利効果で雪だるま式に膨らむ ➡	金利に敏感になること
リボ払いはしてはいけない ➡	カード払いは未来のお金を使うこと。金利が高いのはあなたに信用がないから ➡	リボルビング払いは、カード会社の厚意ではなく、カード会社が儲けるためのもの

こんなセミナーには行ってはいけない

「人生100年時代」というフレーズを目にする機会が増えたせいか、お金のセミナーが流行っています。人気FPが人寄せパンダをする無料セミナーや、綺麗《きれい》な若い女性を講師に据えたセミナー、お土産付き、お茶とお菓子付きとさまざまなセミナーが大盛況です。相変わらず不動産投資のセミナーも多いようです。

これらの経費がどこから出ているのかを考えれば、売りたい金融商品があるのだろう、使ってもらいたいサービスがあるのだろうと想像できます。ですが、皆さん、「まあ、聞くだけなら、タダだし」と軽い気持ちで行ってしまうようです。でも、相手はプロです。ネギを背負ってトコトコ来てくれたカモをそう簡単に逃すわけはありません。**「相手が何倍も上手だということをお忘れなく」**です。

しかし、このように言ったり書いたりすると、「無料でも良心的なセミナーもあるではないか！」と、お叱《しか》りを受けることがあります。もちろんそういうものもあるでしょう。でも、良心的なものでも、セミナーを開催する目的は必ずあるということは理解しておいたほうがよいと思います。その上で、よいと判断できるものはもちろんご参加なされればいいでしょう。

私は、以前、「長期投資を普及する」という目的で、ある会社3社で開催するセミナーのコーディネーターをボランティアで2年ほどお手伝いしていたことがあります。生活者が資産形成をしていくのに「長期投資」という考え方は大切ですから、意義ある活動だと思い、協力していました。しかし、会社からセミナー運営費用が出ている以上、会場では、参加者に各社のパンフレット等を配ります。大変よいお話が聞けるので、参加者は感動して1万円ずつ3社の投信を購入し、積立投資をスタートします。

私はそのうち、FPとしてはちょっと違うのではないかなと考えるようになりました。長期投資の意義を伝えるのは大切なことですし、大いに協力をしたい。でも、まったく投資をしたことがない人が、商品から入るのはどうなのだろうと思い始めたのです。自分がどのくらいリスク商品を持てるのかなど、商品を買う前に考えることがあります。

もちろん、すでに投資をスタートしていて、自分のポートフォリオ（資産配分）が決まっている、**「コア・サテライト」**という考え方を理解している人ならまったく問題ありません。ちなみに、コアというのは中心になる存在のことで、「サテライト」は衛星、つまり、コアの周りの部分です。資産全体を中心と周りの部分に分けることで、合理的な運用をするという考え方ですが、もともとは年金運用で用いられていて、個人の資産運用にも応用されるようになりました。

個人の運用では、一般的には、コアでは低コストのインデックスファンドを長く持ち続けて「守り」の運用をし、サテライトの部分でアクティブファンドや個別株などを持ってリターンを向上させるため、「攻め」の運用をするという方法が紹介されています。

このような考え方を知っていてポートフォリオを組むのと、何も知らずにセミナーを聞いて、一万円ずつ3本のファンドを買うというように商品から入るのはやはり違うと思うのです。これは、この会社の商品を否定しているのでも、アクティブファンドを否定しているのでもありませんので、そこは誤解なきようお願いします。本書でも、「お金の人生設計」のはじめ方として、5つのステップをご紹介しますが、私は、**「商品選択は最後の段階だ」**と考えているからです。

いやいや、そんなことはない、投資はとりあえず商品を持って始めることこそが大切だという人もいるでしょう。でも私は、そうは考えませんので、このセミナーのお手伝いをするのはちょっと違うかなと思うようになりました（結局、最後は、なんとなく苦い感じの卒業となりましたし、なかなかこのような話をする機会もないので、たくさんの方に誤解をされたままで辛い思いもしていますが）。何が言いたいのかというと、セミナーで情報を得るのは非常に有意義ですが、セミナーの意図を理解し、その上で、自分で判断することが大切だということです。実際、私は、ある証券会社が主催している、非常に評判のいい無料のセミナーに行き、その後、なんども社債のセールスの電話がかかってきたことがあります。個人情報を提供することで、セールスにつながる場合もないとは言えません。

「無料のセミナーは絶対にダメ」と一括《ひとくく》りで言っているわけではありませんので、誤解しないでくださいね。また、高額な受講料を取っても内容に偏《かたよ》りがあったりするもの、金融商品の購入やサービスが目的のものも多くありますので注意が必要です。

さて、情報提供をするこちら側の事情もお話ししましょう。

実は私の元へも、FPになった当時からありとあらゆるお誘いがありました。オフショアの海外ファンド、外資の貯蓄型生命保険、海外不動産、サブリースの不動産投資などなど。「買いませんか」ではありません。「お客さんを紹介してくれませんか。紹介手数料を支払いますよ」「成約となればキャッシュバックするので組みませんか?」というものです。提示された手数料率はかなり高かったように記憶しています。現在は、フィデューシャリー・デューティー宣言をして金融庁へ届け出て、HPにも掲載していますから、さすがにそのような誘いも減りましたが、まだ皆無ではありません。依然、彼らは鼻息荒く、カモを懸命に探しているのです。ちなみにFD宣言は、専門家としての知識と良識を持って、もっぱらに顧客の利益のために働くということを宣言することです。利益相反取引を排除し、合理的報酬で顧客のためにベストを尽くすということになりますから、いくら誘われてもお断りします。

不動産投資で不労所得を得ようとしてはいけない

さて先日も、30代前半の方が、友人から紹介されて行ったセミナーで不動産投資を勧められたのだがどうすればいいだろうかと相談に来られました。

「自己資金が少なくても簡単に投資ができて確実に収益をあげられる」とうたったセミナーや広告をよく見かけます。その男性も、「不動産管理会社が借り上げて家賃保証をしてくれるので、空き家リスクもなく安心だ」と、誘いを受けたそうです。

「女性専用シェアハウス『かぼちゃの馬車』の事件、知っていますよね？　多くのオーナーが多額の借金を背負ったまま苦しんでいますよ。あれと同じですよ」と伝えると、「でも友人は儲かっているらしいんですよね」と言います。

身近に成功者がいると（本当にうまくいっているのかどうかはわかりませんが）、自分だってと思うようです。しかし現実に、当初のサブリース契約を反故《ほご》にされてトラブルになるケースも多く、大金を借り入れて不動産投資をするリスクとデメリットを冷静に考えるべきでしょう。

家賃収入でローン返済をする計画を立てていても、入居者がいなければ家賃は入ってきません。それでも毎月のローン返済は免れません。空室リスクのほかに、入居者が替わる際や、また物件が老朽化すれば、修理やリフォームの費用がかかります。家賃も新築時より下がっていく可能性もあります。売りたくなってもすぐには売れないこと、さらには人口減から今後は不動産物件が余ってくるなどの心配もあります。

そして何より今は首都圏の不動産価格が高騰しています。ご参考までに、新築マンションの平均価格は、1973年の1171万円から2012年は4540万円と約3・9倍になっていて、2018年の平均価格は5833万円でした。2013年頃から急騰しています（不動産経済研究所の首都圏のマンションの市場動向より筆者が計算）。

今は低金利で、ローン金利も低いので、物件価格が割高であっても買いやすいように思えるかもしれません。でも、ぜひ借り入れ金額を冷静に見てください。下手をすれば人生を狂わせかねない大金ですよ。家族に黙って不動産投資をして失敗し、自宅購入のための住宅ローンが組めなくなって困っている人から相談を受けたこともあります。家の購入を楽しみにしていたのに、事実を伝えたときのご家族の落胆は気の毒でした。

「資産運用によって経済的自由を手に入れよう！　好きなことだけをして生きることができるようになります！」などと甘い言葉をささやく輩《やから》は大勢いますが、信用してはいけません。不動産投資にはさまざまなリスクがあります。素人が片手間でやって成功するものではありません。不動産投資に期待して、安易に老後の計画を立ててはいけません。うまい話にはくれぐれも騙《だま》されませんように。

退職一時金で住宅ローンの残債返済を予定してはいけない

あなたは持ち家ですか。それとも賃貸ですか。

FPをしていると、「賃貸と持ち家はどっちが得なの？」と、住宅購入の金銭的な損得やメリット・デメリットについてよく聞かれます。

家を買うか買わないかは人生の大きなテーマの一つです。個々の「人生設計」で、さまざまなことを総合して決断しなくてはいけない問題ですので一概には答えることはできません。

一般的に、人生で大きな支出は**「住宅」「教育費」「老後資金」**の三つです。生命保険を加えて四つとなっている人も少なくはありませんが、基本的には、人生の三大支出をいかにバランスよく賄《まかな》っていくかという視点が大切です。

皆さんの中には、三つとも算段がついている人もいらっしゃるかもしれません。そうであれば、あとは健康に留意して、散財しないように気をつけて老後を楽しむだけです。

しかし、中には住宅ローンの返済がまだ終わっていないという人もいるでしょう。リタイアまでに住宅ローンを返済し終えれば、老後の支出は抑えられますが、完済できなければ、年金の中から返済していかなければなりません。

2019年度のモデル世帯（夫が平均的収入で40年間就業し、妻がずっと専業主婦の世帯の標準的な金額）の年金月額は、老齢基礎年金が約6万5000円、老齢厚生年金は約22万1500円です（厚生労働省年金局「2019年の年金額改正について」より）。が、実際にはもっと少ないのが現実です。2017年度の老齢基礎年金の平均受給額は約5万6000円、老齢厚生年金は約14万7000円です（厚生労働省年金局「厚生年金保険・国民年金事業年報」より）。取り崩せる資金があれば別ですが、この中から住宅ローンを返済していくのは難しいでしょう。

総務省の家計調査で見ると、高齢夫婦無職世帯の1ヶ月の収入は約21万3000円（可処分所得は18万3０００円)、支出は約23万８０００円です。不足金額の約5万5０００円は、それまでに貯めた貯蓄から取り崩してあてることになります。ただし、この調査の対象は、持ち家が前提とされているため、住居費はわずか6・2%の約1万4７００円です。

これらを見ても、住宅ローンをリタイアまでに返済しておかなければ、かなり厳しいと言えるでしょう。退職までに時間がある人は、繰り上げ返済ができる策を講じることをお勧めします。貯蓄からの返済が難しければ、妻に働いてもらう、退職後も働き続けられるように準備をするなどしましょう。

退職一時金で一括返済をすることを前提にしている人もいますが、慎重にしてください。**退職一時金は大切な老後資産**です。ローン残高が多く、退職一時金のほとんどを返済にあてることになれば、老後の生活は逼迫《ひっぱく》します。

老後期間を65歳以降95歳までとすれば30年間、月数にすると3６0ヶ月です。ざっくり言えば、退職一時金からローン残高の3６0万円を返済すれば、老後生活費にあてるお金が1ヶ月に1万円減ります。7２0万円返済すれば2万円減り、1０８0万円を一括返済すれば、老後生活費は3万円少なくなります。

「老後設計の基本公式」

取崩可能額（d）＝（保有資産額（A）－年金額（p）×未年金年数（a）＋働く収入（w）×働く年数（b）－最終資産額（H））÷想定余命年数（n）

年間支出（y）＝年金額（p）＋取崩可能額（d）

月間支出（yM）＝年間支出（y）÷12

「老後設計の基本公式」で試算することもできます。これは、リタイアメント後に、毎年取り崩してよい金額を求めることができる式です。

仮に、60歳時点での保有資産が退職一時金1000万円と預貯金1000万円の合計2000万円（「保有資産額（A）」＝2000万円）としましょう。65歳まで継続雇用などで年収200万円（「働く収入（W）」＝200万円・「働く年数（b）」＝5年）で働き、65歳から200万円の年金（「年金額（p）」＝200万円）を受け取るとすると「未年金年数（a）＝5年」です。老人ホームへの入居一時金や遺産など、使わずに残しておきたい「最終資産額（H）」をゼロとすると、分子は2000万円になります。

「想定余命年数（n）」を60歳以降95歳までの35年間とすれば、年間に取り崩すことができる金額は2000万円÷35年で、約57万1000円（d）です。

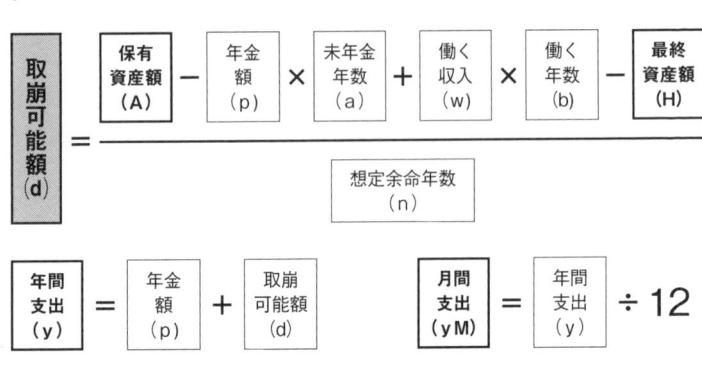

受給年金額（p）を合わせると、毎月の老後生活費は21万4000円になります。

しかし、退職一時金全額をローンの完済にあてれば、分子は半分に減りますので、取り崩し可能額も半分になります。毎月の老後生活費は19万円に減ってしまいます。

そうならないように、リタイアメントまでになるべくローン残金を減らすことです。具体的には繰り上げ返済をします。時すでに遅しという人もいるでしょうが、繰り上げ返済での経済的効果を試算してみました。

55歳男性で、現在の毎月の返済額が約14万3000円というケースです。これまでに2度借り換え等をして、今の借入金利は1・5%です。ローン残高は約1500万円です。繰り上げ返済をしなければ、60歳時点でのローン残高は約800万円で、65歳まで毎月約14万3000円の返済が続きます。

今、500万円を繰り上げ返済をして、返済期間を6年8ヶ月短縮すれば、利息は約78万円少なくなり、60歳時点の元本の残高は約275万円になります。275万円を退職金で一括返済したとして、「老後設計の基本公式」で再計算すると、分子は1725万円で、取り崩す可能額は約49万3000円です。毎月の老後生活費は約20万円です。退職一時金で全額返済しても、老後の生活が資金不足で狂うということもないでしょう。1年余計に働くなどすればカバーできそうです。

しかし、以上は、あくまでリタイアメント後にローン返済という重圧を避けるための話です。これから子供の大学の授業料など教育費を支払わなければならない人は、繰り上げ返済しすぎて教育費が足りなくなったということにはならないようにしてください。

今、非常に低金利です。低金利で固定金利型で住宅ローンを組んだとすれば、安いコストで資産を手に入れられることになります。ぜひ借り換えをしてください。今後の金利上昇に備えて、固定金利型にしておきましょう。

借り換えを有利に進めるには、ちょっとしたテクニックが使えることもあります。他銀行で実現する具体的な借り換え金利を提示して、まずは現在借り入れをしている銀行に交渉してみてください。「○○銀行は●%なので、借り換えを検討しています」と伝えるといいでしょう。

住宅を担保にして、さらに生命保険に入ることが前提（団体信用生命保険。住宅ローンの債務者が死亡、または高度障害状態になったときに住宅ローンを返済するための生命保険。住宅ローンを組むとき、ほとんどの金融機関で加入を義務付けられている）の住宅ローンは、銀行にとって、たとえ金利が低くても、他の事業ローンに比べるとリスクの小さいものです。交渉に応じてくれるケースも少なくありません。もし、思ったほどに金利の引き下げができなければ、他銀行での借り換えを検討してみてください。そのとき、手数料などが必要になりますので、それらも考慮して進めてください。

お葬式代で終身保険に入ってはいけない

お葬式代くらいはと、高齢になって**終身保険**への加入を検討する人も多いようです。

先日、ご相談に見えられた60歳男性は持病があります。でも、引受基準緩和型なら加入できるからと勧められ、「死亡して口座を凍結されても、生命保険ならすぐに支払われるので」とありがたがっていました。

年齢が高くなると保険料も上がる生命保険に、**「葬式代」**として加入するのは本当にお得でしょうか？

ある生命保険会社の１００万円の引受基準緩和型終身死亡保険に加入すると、年間保険料は６万６０００円です。損益分岐点を知るのは簡単です。死亡時に受け取れる保険金額１００万円を年間保険料６万６０００円で割ればいいのです。１００万円÷６万６０００

円＝約15年です。つまり75歳に達するまでに亡くなれば、死亡保障が支払った保険料を上回ります。

しかし、平成29年簡易生命表（厚生労働省）によりますと、60歳男性の平均余命は23・72歳です。平均約83・7歳まで生きると考えられます。84歳まで保険料を支払うと総額で158万4000円です。100万円の保障額を大きく上回ります。この保険には災害補償（事故で亡くなったときに死亡保険金が出る）もあるので、単純比較はできないものの、平均的には損する確率が高いと言えるでしょう。

もう一点、この男性は、「口座凍結されるからすぐ支払われる生命保険に入ろう」ということですが、原則として、銀行は、口座の名義人が死亡したという連絡を受けると、預貯金口座を強制的に凍結し、遺産分割協議が確定するまでは一切の払い出しを停止します。しかし、2018年に相続法について法改正が行われ（19年7月1日施行）、遺産分割協議の最中でも、他の相続人の了解なしに口座から一定額（1金融機関あたり150万円が上限）を引き出せるようになりました（預貯金の仮払い制度）。死亡後に引き出せる預金額には上限がありますので、詳しくは金融機関にお問い合わせください。

保険料の高い高齢になって、「葬儀費用のために生命保険に入る」のは、動機としても合理性に欠けますし、貯蓄で準備したほうがよっぽどよいと思います。

健康不安や老後不安で医療保険に入ってはいけない

もう一つ、生命保険ネタです。持病（既往症）のある人でも入りやすい**「引受基準緩和型の医療保険」**というものがあります。

持病を持った人を集めて作る保険は、保険金を支払うことが多くなると考え、保険料を高くしなくてはいけません。保険料というのは、生命保険会社の支払いリスクが高くなれば保険料が高くなる傾向があるからです。つまり、一般的な健康体の人が入る医療保険よりも、持病がある人が入れる保険のほうが、支払いリスクが高くなるため保険料は高くなります。先の引受基準緩和型終身保険も、健康な人より死亡リスクの高い人が入るので保険料が割高です。健康な人より早く死亡する確率が高いので、保険料を回収する期間が短くなる可能性が高いためです。

たとえば61歳の男性が、ある保険会社の終身医療保険に、主契約が入院日額5000円のものに加入すると保険料は7585円です。同じ会社で同じ保障内容を求めて、引受基準緩和型の保険に加入すると、一回の手術（入院中・外来）で支払われる給付金、放射線治療給付金などの金額はおおよそ半額になります（免責期間あり）。しかし、月額保険料は

1万4430円と割高です。約4割増になり、しかも10年更新ですので、10年後はさらに保険料が上がります。

そもそも保険は、その保険の支払い事由に該当しなければ保険給付金を受け取ることはできませんので、これだけの保険料を支払い、果たして元を取ることはできるのでしょうか。


また、最近人気の長生きすればするほど得をするという終身型の**「トンチン年金保険」**も、長生きすると考える人が加入する傾向があるため、死亡保険のような一般的な個人保険より、生命保険会社の支払いリスクは高くなるので保険料は高くなります。

トンチン年金保険の損益分岐点を計算するのも簡単です。

53歳の女性が、70歳まで毎月4万3873円の保険料を支払うと、合計保険料は約895万円です。70歳から年金年額36万円が終身で受け取れます。保険料895万円を年金額36万円で割ると24年ですので、95歳まで生きれば元を取れるという計算になります。

しかし、もし途中で亡くなっても死亡時の保障はありません。長生きすればするほど得というトンチン年金は、「元を取れるかどうか」が加入するかどうかのポイントになります。

ですから、セールスのときは、たいてい平均余命について説明を受けます。

現在53歳の女性が70歳になる頃の平均余命（あとどのくらい生きるか）は21・6歳と推計されています。平均で91・6歳まで生きる計算です。

「でも、3人に1人は95・6歳まで、5人に1人は98・3歳まで生きるとされていますよ」と言われると、「うちは長生きの家系だから」と思い、加入を検討するということでしょうか。

しかし、まさにその思考こそが**盲点**になります。長生きリスクに備えるという考えはよいと思います。ですが、保険商品とした場合、先に述べたように、長生きすると考える人が加入する傾向があるため、生命保険会社の支払いリスクは高くなり、結果、死亡保険のような一般的な個人保険よりも保険料が高くなる傾向があるからです。つまり、トンチン年金保険は商品としては、それほど有利とは言えません。トンチン年金保険を検討する前に、公的年金の繰り下げを優先したほうがよいと思います。

先の女性の65歳時点の本来の公的年金の受給見込み額は、ねんきん定期便によると約180万円です。公的年金の繰り下げ受給を選んだとき、5年間受け取らない年金額の合計は900万円です。トンチン年金保険895万円とほぼ同じです。

仮に、繰り下げ受給をした場合、増加する年金受給額は約75・6万円（180万円の42％）

になりますので、未受給の年金900万円は、受給開始から11年と11ヶ月で元が取れることになります。70歳から受給開始すれば81歳時です。ちなみに、損益分岐点の計算は次のように考えます。1月繰り下げをすると年金額は0・7%増えます。1年間（12月）で8・4%です。1年分の年金を100%とすると、100÷8・4＝11・9です。1年は12ヶ月ですので、0・9年というのは10・8ヶ月、約11ヶ月です。つまり、11年と11ヶ月で元を取れるということになります。

しかも、公的年金は、物価が上がったり、現役世代の賃金が上がったりすれば、ある程度それに合わせて増額されます。一方、トンチン年金は、契約時に受給金額が決まっていますので、今後インフレになろうとも増額はありません。これらを考えても、トンチン年金保険より公的年金の繰り下げを優先するほうが、長い老後を考えると有利だと言えるでしょう。

高金利の外貨建て保険はあなたを助けてはくれない

リタイアメント後の生活資金を増やすため、個人年金保険や養老保険に加入するという人が増えています。円建てのものに比べて、積立利率を高く設定した**外貨建て保険**は人気です。

うか。

「保険」と名前がついているので「安全」と思っている人がほとんどですが、本当でしょ

外貨建て保険は、保険料の払い込みや年金等の受け取りを外貨で行うため、為替レートの変動によっては元本割れすることもあります。決して安全性（元本割れしない）の高い商品ではありません。示されている返戻率《へんれいりつ》が、約束されたものだと思っている人も多いのですが、そうではありません。契約時と為替レートが変わらないことを前提にしたバーチャルな数字です。

長期の契約が前提となっている保険は、受け取り時の保険金額について、時間によるお金の価値の低下を考える必要もあります。今後物価が上がればお金の価値は下がります。今の１００万円と30年後の１００万円の価値は同じではありません。

さらに、受け取る保険金額が定額の保険は、契約時に積立利率が決まります。長期の利回り保証があると考えられる一方で、今後世の中の金利が上昇しても、今の低金利をずっと固定してしまうことになります。例えるならば、お金が箱の中に閉じ込められて、大きくなれずに時間だけが過ぎる状態です。

そして何より非常にコストの高い商品です。外貨建て保険は、死亡保障と運用商品をパッケージにした商品ですので、保障と運用の費用がそれぞれかかります。また、購入時や契約期間中販売手数料を取られ、途中で解約すれば解約控除がかかり、金利の上昇時、年金受け取り時にも費用がかかります。そして外貨建てですので、購入時と受け取り時に両替する費用もかかります。ともかくコストのデパートです。

「勧められてなんとなくよさそうに思えたから」ではなく、商品性をよく理解して、デメリットもわかった上で、それでも自分にとってメリットがあると思えば契約してください。お金を増やすことを目的とするのなら、外貨建て保険よりも、もっと低コストで効率的な方法があります。

「デパート友の会」に入ってはいけない

FPが書いたこんな記事を目にしました。

「毎月1万円ずつ預けるデパート友の会は、毎月1万円ずつ積み立てると、1年後の満期には13万円の商品券が戻ってくる。年利回りは約17％。メガバンクの1年定期預金は0・01％なので1700倍もの利率となる。しかも、銀行の利息のように約20％の源泉税を引かれることもないのでかなりお得！」というものです。

この話、本当でしょうか。

まず、「デパートの商品券」と「定期預金」を比べるのはおかしいですね。「デパート友の会」で積み立てて受け取るのは、そのデパートでしか使えない商品券です。どこででも自由に使えるお金とは違います。

お金の利点は、いつでもどこでも自由に使えることです。対してデパートでしか使えない商品券は、貯蓄ではなく、お金に色をつけているのです。デパートで使ってもらうための仕組みです。これをありがたいというのは、**デパートの販売戦略の罠**にまんまと引っかかってしまったということですね。

また、デパート以外で買ったほうが安いものをわざわざデパートで買うのは賢い消費者と言えません。確かにデパートの商品は、品質への信頼はありますが、デパートでの買い物は、「高級感」「虚栄心」「過剰包装」などが上乗せされてもいます。また、「商品券があるから」と買う必要のないものまで買うのは「ムダ遣い」です。本当にそれはデパートで買わなければならない商品なのかを考えてみましょう。

しかし、毎月、デパート友の会ではなく、1万円ずつ積み立てていくのは、正しい行動です。実は、お金を増やすのに、「複利の効果」は非常に大切なのです。「複利」を味方につければ、お金を大きく増やすチャンスが広がります。1年と言わず、長期で積み立てていきましょう。

この「複利の効果」は、ぜひとも身につけておきたいお金の知識の一つです。膨《ふく》らむのは利益だけでなく、借金などのマイナスも複利効果で増えていくからです。

簡単にご説明しましょう。

金利の計算をする方法は、「複利」と「単利」があります。

「複利」の場合、元本とついた利子を合わせた金額に対して利子がつきます。運用で得た収益をふたたび投資することで、利息が利息を生んで膨らんでいくのです。

100万円の元本を金利5％で複利運用すれば、10年で約163万円、20年で約265万円、30年では約432万円になります。

一方、「単利」は、元本だけに利子がつくことです。1年後に得た利息は再投資をしないため、100万円を金利5％で単利運用しても、30年後に250万円にしかなりません。

投資期間が長ければ長くなるほど、複利効果はより大きく期待できます。また、金利が大きいほど、複利効果は大きくなります。

そして、これは借金だって同じことです。まさに雪だるま式に膨らんでいくのです。どのくらいの速さで増えていくのかは、**「72の法則」**で一目瞭然《いちもくりょうぜん》です。

72を金利で割ることで（72÷金利）、お金が2倍になる期間が計算できます。カードローンで、金利14%でお金を借りてまったく返済しなかった場合、「72÷14＝5・1」となり、約5年間で借りたお金が2倍になります。金利18%だと、「72÷18＝4」となり、たった4年で100万円の借金が200万円になります。

お金を増やすのに、「複利」は強い味方ですが、コストに注意しなければ、せっかくの運用益も吹っ飛んでしまうことも知っておきましょう。

ところで先日、たくさんの高齢者がある儲け話に騙されたというニュースがありました。詳細は割愛しますが、対象になった商品は、「年利7%、3年で倍になる」とうたわれていました。

72÷7%＝10・28……です。「3年で倍になる」と言われた途端、詐欺だとわかりますね。

リボ払いはしてはいけない

クレジットカードでのお買い物は便利です。大金を持ち歩かなくていいし、明細も残ります。しかし、便利な半面、お金を使ったという感覚も希薄です。衝動買いをしても、罪悪感をそれほど感じないし、お金を使ったことをすぐ忘れてしまいます。クレジットカードを使ったら利用明細はちゃんと管理しましょう。

クレジットカードでの買い物は、未来のお金を先に使っているだけですので、その分は使わずに、銀行口座に残しておかなければなりません。そうしなければ、翌月引き落とされると、口座にいくらも残らず、またクレジットで買い物をする自転車操業に陥ってしまいます。

それでも回っていればまだしも、「今からでもリボ払いに変更できます！」という宣伝文句が散見されていること考えると、自転車操業になっている人も多いのだろうと想像できます。

そもそもリボルビング払いというのは、カード会社の厚意ではなく、カード会社が儲けるためのです。消費者にとっては非常に損な支払い方法（借金）なのです。
まず、リボ払いをなぜ利用しなければならないかといえば、まとまったお金が手元にないからです。それでも欲しいものがあるので、お金がなくてもどうにかして買いたい！あるいは、貯金が減るのがいやだからという心理で、リボルビング払いにするのです。ここがミソで、お金がなくても買い物をすることができるが、その代わりに高い利息を支払わなければならないのです。
借り入れ金利というのは、信用がある人には安く、ない人には高くなります。リボ払いの金利は非常に高い。貸金業の金利には利息制限法がありますが、この超低金利のご時世に、その上限近く年率15～18％とかが普通です。貸し手も、お金がないのに買い物したい人に貸すには、このくらい金利を取らないと心配だからなのです。

もう一つ知っておきたいのは**借金の法則**です。借金の支払いは、まず、利息に充当され、残りが元本返済にあてられるというルールです。つまり、返済しても返済しても、金利が高いと、なかなか元本は減らないのです。

リボ払いの仕組みはこうです。リボ払いには、毎月の支払額が一定のものと、買い物で残高が増えると支払い額が増えるものがあります。より注意が必要なのは、支払い残高に関係なく、毎月一定額を支払う方式です。支払い残高が増えても、毎月の支払い額は変わらず、支払い期間が延びていき、その分、手数料がかかることになるのです。

仮に、支払い残高30万円、実質年率15・0％、毎月末日決算の1万円ずつの定額リボルビング払いだとしましょう。

利息の計算方法は、残高×15・0％×30日（31日）÷365日となります。初回の利息は3698円なので、元本返済にあてられるのは6302円ということになります。次の月は、新たに買い物をして増えなければ、残金の29万3698円に対して利息が計算されます。

結果、支払い回数は38回、返済総額37万8348円にもなります。30万円の買い物で、利息総額は7万8348円にも上ります。これはどう考えても、30万円貯めてから買い物をしたほうが利口です。リボ払いを気軽に利用してはいけません。

リボ払いやカードローンに抵抗がない人は、かなり危険な金銭感覚だと理解しましょう。つまり、「収入の範囲で生活することができない」ということだからです。目先の欲望に抗《あらが》えない人、自分がいくら使ってよいのかがわからない人なので、老後破産の危険性が増します。

どうしてもお金を借りなければならない場合、金利に敏感になることが大切です。

第3章

あなたのお金を狙う人たちに関わってはいけません

うまい話はありません

誰でも投資詐欺の被害者になる可能性はあります。特に、高齢者は、詐欺や不正のターゲットになりやすく、結果、お金を失ってしまうことも少なくありません。「元本保証」「必ず儲かる」「あなただけに特別にご紹介」などという言葉を聞いたら要注意です。お金を出してしまえば最後、元金の大半が戻ってこず、詐欺師は姿をくらまし連絡が取れないということになってしまいます。そんな「投資詐欺」の被害は後を絶ちません。

巧みにかけられるトークを抜粋して次ページにリスト化してみました。

証券取引所に上場する前の**「未公開株」**は、しばしばニュースにもなる典型的な詐欺です。ほかにも、風力発電や太陽光発電などのエネルギー関係の権利を買うもの、また、ゲノムや遺伝子検査など、注目されている最先端技術や医療に関連して知的財産権などへの投資を勧誘するものもあります。取引の実態もあいまいで、まともではないので綻《ほころ》びも露見しやすいのですが、いいことばかりを聞いていると（人は自分の都合のよいことだけを聞く傾向もあるのかなと感じます）、ころっと騙されてしまうようです。投資対象についてよくわからないものへの誘いには、絶対に乗らないようにしましょう。

詐欺トークリスト

投資詐欺	「元本保証ですよ」「必ず儲かりますよ」「あなただけに特別にご紹介しますよ」
未公開株	「ある企業が近々上場する予定なんです。上場すれば高値が付くのは確実、安い今のうちに買って上場後に高値で売れば差額が儲けになりますよ」
権利や話題になっている投資対象	「これから有望な○○に出資しませんか。ビッグビジネスですから、高額な配当が支払われますよ」「あなたにだけ特別にお教えしますが、有望なビジネスです。今のうちに○○の権利を買いませんか」
未開の土地の ランドバンキング 海外ファンド プロ向けファンド	「まもなく都市開発が始まりますよ」 「政府のプロジェクトですから大丈夫です」 「あなただけに特別なご案内です」

また、最近は、オレオレ詐欺などでも見られるように、「劇場型」と呼ばれる手口も巧妙です。複数の人間が、別々の立場を装い、一人の消費者を騙す手口です。

たとえば、証券会社A社からX会社の未公開株の購入を勧められた直後、別の会社B社から電話がかかってきて、「X社の未公開株を買いたいが、弊社は購入する権利を持っていないので、売ってくれないか」と持ちかけます。消費者は「A社から勧められたX社の未公開株はそんなに有望なのか」と思い、購入に踏み切るというわけです。

そのほか、仮想通貨詐欺、FX投資詐欺、競馬予想詐欺、振り込め詐欺、ネズミ講などの悪徳商法、オークション詐欺、出会い系詐欺、援助交際詐欺、携帯電話買取詐欺、ロト6詐欺、副業・在宅ワーク詐欺、口座買取詐欺、融資金詐欺などあの手この手で枚挙に暇《いとま》がありません。最近は、「国際ロマンス詐欺」なんていうのもありますね。お気をつけください。

明らかに違法な金融詐欺ではなく、適法のもとでの金融トラブルもあります。

平成から令和に変わるタイミングでの大型連休明け、一番多かった顧客からのご相談は、たまたま見つけたという親の保険と投信についてでした。外貨建て保険、毎月分配型のテーマ型の投資信託、親は事業内容を理解していないだろうと思われる個別株など——しかも頻繁に「買い替え」をしていたことも判明したというケースも複数ありました。印象的だったのは、ご相談者全員（の親）が、NISA口座を開設しているにもかかわらず、中は空っぽだったことです。顧客の利益を考えれば税制優遇のある口座を先に利用するほうがよいはずです（損益通算する他の口座も持っていませんでした）。カモにされているとしか解釈しようがありませんね。

ある40歳の相談者のお母様は64歳、老後資金の心配が切実になるご年齢です。子供たちに迷惑をかけないように少しでも老後資金を増やしておきたいと考えられたのでしょう。

相談者は、「母は、これらがどんな商品で、どんなリスクがあるのかまったく理解していませんでした」と、離れて暮らす親に目配りできなかったことを悔いていらっしゃいました。このお母様のように、「よくわからないけど、熱心に勧めてくれたので購入した」というケースは多いのではないかと思います。

「若い子が一生懸命売りに来るのでかわいそうになってね」
「しょっちゅう訪ねてきてくれて、優しい言葉をかけてくれるから。本当にいい子なのよ」
「投資なんかしたことがないから怖いけど、保険だったら元本保証で安心ですよって勧めてくれてね」

というのは、私がご相談を通じて実際に聞いた「買った理由」です。遠くにいる我が子よりもセールスの人のほうがずっと身近な存在なのでしょうか。しかし、為替の変動や株価によって価格の変動がある**「ドル建て変額保険」**や**「テーマ型毎月分配型投信」**は老後資金を増やしたいという目的で買うには高コストで、仕組み上も不向きですし、リスクの高い商品です。どんなリスクがあるのか、どういった商品なのかを理解した上で購入しなければなりません。また、この女性のように買い替えを繰り返していると、大切な老後資金を減らしてしまうことになりかねません。皆さんも、今すぐ、離れて暮らす親の金融資産をチェックしてください。

お客の資産の毀損はまあ、あること？

ある銀行に10年ほど勤めていた人から聞いたことです。お客様を新しく担当すると、まず、投資についてのニーズや目的、所有可能な期間などを伺い、その人にふさわしいと思える金融商品を売るそうです。しかし通常、転勤があるため、担当できるのはせいぜい2〜3年。次の担当者に新しい商品を勧められれば、買い換えるお客様は多いそうです。その人も、同じように新しい支店で、お客様に新しい商品を勧めると言っていました。元本を大きく割り込んでいれば、前の担当者のせいにして乗り換えてもらえるし、そこそこ利益が出ていても、もっとよいものがあると勧めれば比較的すんなり乗り換えてくれるのだそうです。

「まあ、基本、新しい商品が出れば乗り換えてもらいます」

「お客の資産の毀損はまあ、あることですね」

と悪びれる様子もありませんでした。ノルマを達成するために、コンプライアンスぎりぎりでやることも少なくないけれど、そのうち罪の意識を感じなくなるそうです。

「どうして回転売買が多いの？　長期で保有してもらってじっくり資産を増やしていくという発想はなかったのですか？」と伺うと、「そうなると、販売手数料が入りません」と。

「新しいお客様から新しい契約を取ればよいのでは？」というと、「それはやはり大変」なのだそうです。じっくりお話を聞いて、説明をして、ニーズ喚起して——ということを、ノルマに追われている中で丁寧にやる時間はない。だから乗り換えをしてもらうんですと。背に腹は代えられないということでしょうか。

しかし、お客様にとっては、乗り換えをすれば、その度に販売手数料がかかります。資産を毀損します。「そのくらいのことはお客様だって理解しているでしょう？　どうやって乗り換えてもらうんですか」と伺いました。すると、保有しているファンドの見通しが悪い、でも、新商品だったら大丈夫だと説明しますとのことでした。また、もし、現在保有している商品が前任者の販売したものなら、新商品を持っていき、前任者と保有している商品のダメな点を挙げるそうです。ノルマ達成のために、熾烈《しれつ》な争いが繰り広げられているようですが、そんなくだらないことにお客様を巻き込まないでほしいものです。

お金の管理は人任せにしないこと

「今の定期預金金利ではお金を増やせないので、投資をしたほうがいいのはわかっているけれど、何となく怖いし、方法がわからない」

「これまで必死で貯めてきた、老後の生活費である数千万円ものまとまったお金はどう管理運用していけばいいのだろう」

お金のことがよくわからないという人は少なくありません。そんな方々は、「誰か信頼できる人や会社に任せられればよいのに」と思っているかもしれません。でも、問題は、顧客本位で相談に乗ってくれる人や会社をどう探すかです。そもそも大切なお金のことを任せられる人はいるのでしょうか。

個人のお金の相談にのるプロは、ファイナンシャルシャルプランナー（ＦＰ）以外にも、ＩＦＡ（Independent Financial Advisor：インデペンデントファイナンシャルアドバイザー）という人がいます。

ある女性は、紹介されたＩＦＡから、「銀行の窓口販売や証券会社の営業は顧客本位ではなく、ノルマに縛られた営業をしている。しかし、自分たちＩＦＡにはノルマは一切ない。顧客の利益のために有益なアドバイスをし、顧客の資産を増やしていくことがミッションである」と言われました。これはここ数年で必要性を強調されるようになったフィデューシャリー・デューティー宣言（以下ＦＤ）ですね。

このＩＦＡは、これまで投資経験のない女性の話をじっくり聞いてくれ、投資についての基本である長期で分散することなどを指南してくれたそうです。女性は、すっかり安心して、言われるままに自分の全財産を託そうと考えました。

しかし、次にＩＦＡがとった行動に不信感を持つことになります。

「ＩＦＡ口座でしか買えないよい商品がある」と言って、個人向け社債の一覧を見せ、ＩＦＡ口座の開設をせかしました。さらに、これまでお勧めだと説明を受けてきた投資信託は、ネット証券で直接買えばノーロード（販売手数料ゼロ）のものが、ＩＦＡ口座だと３％になっていたそうです。女性は、数日後に契約のためＩＦＡに会うという寸前に私のところにご相談に来られました。

このように、アドバイスに不信感を持っていらっしゃる相談者は少なくありません。間違いを起こしやすいルートの一つは、このようなアドバイザーを名乗る販売員への運用相談でしょう。やはり、アドバイザー選びは、慎重にならなければなりません。

独立系FPもＩＦＡも、商品販売を手掛けているとすれば、顧客との利益相反が生じています。彼らはアドバイザーではなく販売員です。他にも、生命保険会社のライフプランアドバイザー、独立系ファイナンシャルアドバイザーなどの肩書を持つ人なども同じです。

ＦＤを求められる職業においては、顧客以外の利害関係者がいないほうがよいという意味で、独立系というのは好ましい立場だと思います。さらに、先のＩＦＡが言う通り、金融機関の営業では顧客本位で働けないと考えてＩＦＡになった人や、実際にＩＦＡとなり、今、顧客の利益のために働いている喜びを実感している人も大勢いると思います。

でも、なぜ、このように顧客が納得できない、不信感を持つ、ということが起こるのでしょうか。

現在、ＩＦＡは、個人、法人、税理士事務所、ＦＰなど事業母体はさまざまですが、羽振りよく成功しているのは、元証券マンを集めたＩＦＡ会社のようです。証券会社にいるよりも儲けやすい手数料が設定されている側面もあり、ＩＦＡ自身が顧客を抱え込んだまま独立するというケースも少なくはないようです。もしかしたら、ＦＤ宣言をしていても、現状では、対面型証券会社の営業に限りなく近いという実情があるのかもしれません。

ＩＦＡサービスを展開している会社も、顧客のためにならない取引を勧めないように体制を維持するために自社のＩＦＡに対して教育を行い、顧客との取引もチェックするなど努力をしているということですが、報酬体系など改善の必要があるように思います。

ＩＦＡに限らず、保険などを売ってコミッションを得ているＦＰも含め、いかにも中立をうたいながら販売をしているケースが多いように思いますので、十分に気をつけてください。

冒頭でも述べましたが、ＦＤ宣言をしているＦＰはまだまだ少ないのが実情ですが、ＦＤ宣言をしているか、していないかは、本来ならば、消費者から見るとアドバイザーを選ぶときのわかりやすい一つの目安になるはずです。いえ、そうであるべきで、ＦＤ宣言の純度を上げ、厳密にすべきです。

それでもやはり、**「人に頼らず、自分で資産管理をする」**ことが基本だと思います。「私にお任せください」というセールスパーソンを信じる前に、今一度、よく考えてください。セカンドオピニオンを求めることも有効です。また、「あなたに任せるよ」も間違いを起こしやすい思考です。マネーリテラシーを身につけることと、自分のお金は自分で管理ができるようにシンプルにすることで、人任せにしなくてすみます。

感じがいいセールスパーソンに騙されないで

あるパーティの席で、外資系生命保険会社のトップセールスという男性を紹介されました。仕立てのいいスーツに身を包み、柔らかな笑顔で、男性は簡単な自己紹介をしてくれます。ヨットに乗ること、週に2回くらい皇居でランニングをしていること、ポメラニアンを飼っていること、ワインが好きなことを実に楽しそうに話します。ほんの3分ほどの男性がしてくれた自己開示で、私は一気に親しみを覚え、自分もポメラニアン好きなこと、ワインをよく飲むことなどでその後20分くらい楽しくおしゃべりしました。

この男性は、相手の興味を持ちそうなことを引き出し、実にうまくコミュニケーションを取りました。この男性の営業成績がよいのは、この卓越したコミュニケーション術によるのだろうなと想像できます。

この男性に限らず、多くの成功したセールスパーソンは、コミュニケーションの方法を特別に学び、いかにしてお客様と話を続けるかということを懸命に考えているのではないかと思います。

金融商品を販売するためには、多くの説明をする必要がありますので、長い話の最中、お客様に飽きられてしまっては仕事になりません。そのためにいくつもの引き出しを作る努力をしています。お客様を飽きさせないように小話のネタだって当然いくつも仕込んでいます。

以前、「顧客本位の販売をするためには、商品説明と提案がしっかりできることが必要ですので、まずは、自分がお客様に話をしたいと思ってもらえる人間になることが大切だと思います」と、若い証券マンに自信満々で言われたことがあります。正直いうと、その話を聞いて、私は困ってしまいました。

「顧客本位」とは、「売ること」が目的ではないはずです。しかし彼は、上司や先輩からそう指導され、「顧客本位」は、営業成績を上げることと矛盾するものではないのだと思い込んでいるのでしょう。

また、証券会社で営業をしていたという知人の女性は、長年トップセールスを続けてきたそうですが、「とにかく話を楽しそうに聞いてあげた。すると、こちらからお願いしなくても何か買うよって言ってくれる」と話していました。聞き上手というコミュニケーションスキルですね。

皆さんは、そんなこと百も承知だと思われるでしょうが、それでも「この人、話しやすくていい人だな」と思った途端、人間関係のハードルは下がります。不必要なものを、あるいはよくわからないものでも買ってしまうのです。そうならないための方法はたった一つ。「セールスの人から金融商品は買わない」と決めることだと思います。

金融商品を買おうとするとき、対面でわかりやすい説明をしてもらいたいという気持ちはわかります。投資信託の目論見書や生命保険のパンフレットなどは字も小さいですし、言葉も難しくて、読んでも意味がわからない、読む気さえ起こらないという人も多いでしょう。

でも、そもそも自分が理解できない商品を買うのは間違いです。その間違いによってあなたは大切な資産を減らすことになるかもしれません。なぜなら、人の売る金融商品にはその人の給料が含まれているからです。コストが高いということは、売り手が儲かるということですから、私たちはその分、手にできていたはずのリターンを失うことになるのです。

外資系の保険会社でセールスをしている人も、銀行窓販で保険を売っている人も、「顧客のためを考えれば、『つみたてＮＩＳＡ』なら、コストのかからない運用ができるのはわかっている」と言います。でも仕方がない。生活のため、ノルマがあるからと。やはり、人を介して金融商品を買うのはやめたほうがいいと思います。

コストの低いものを選ぶことが大切

ＩＦＡやＦＰなど金融商品を売ってコミッションを受け取っている人、銀行や証券会社の人にお金の相談をしてはいけないこと、彼らの収入源は金融商品を販売した手数料であることなどを述べました。

米ドル建て個人年金保険などの外貨建て保険を買えば、５～７％の販売手数料を取られます。最近は、販売手数料がないというものもありますが、それは購入時に一括で差し引かれないだけで、その後、ある期間ずっと手数料が引かれています。ほかの金融商品、たとえば仕組み預金や投資信託と比較して、一時払いの外貨建て保険の販売手数料があまりに高く、金融庁が問題視したために、入り口で取らずに、見えにくい契約期間中に少しずつ差し引くことになったのではないかと思います。

会社、商品によって違いますが、一定期間、あるいは数年～十数年差し引かれているものもあるようです。そのうち、どのくらいが販売者に支払われるのかもさまざまですが、仮に、販売手数料７％のうち半分の50％がキックバックされるとすれば、一時払い保険料が円建てに換算して1000万円の保険を売れば、35万円を手にすることになるのです。

ある外資系生命保険会社の営業の人の話ですが、「実は、今、学資保険を売っても手数料として70～200円しか入ってこないのです。ですから、どうしても手数料率の高い外貨建ての貯蓄性保険を売りたくなります」とおっしゃっていました。つまり、契約者は、支払う手数料を通して、彼らのお給料を払っているということです。


しかし、手数料が高いから運用がうまくて、よりお金が増えるというわけではありません。そう思っている人も少なからずいるようですが……。

ある大手証券会社のセールスは、「顧客は儲かっているときは、手数料のことなど何も言わないけど、損が出始めたら、途端に文句を言ってくる」と言います。「そういうときにはどうするのですか」と伺うと、基本的には、手数料体系を丁寧に説明するのだそうです。しかし、「高い手数料を払っているんだから」という意識はなかなかぬぐえないし、手数料に見合った成果を期待されるといいます。

顧客の気持ちもわからないでもありません。手数料が高い理由は、投信などの場合、現地調査や優秀なファンドマネジャーに支払う人件費にお金がかかるからだなどと説明されれば、ますますよい運用成績を期待したくなるでしょう。でも残念ながら、手数料の高さと運用のうまさに明らかな相関関係はありません。金融庁の資料によると、国内アクティブファンドの7割が、日経225を指標にしたインデックスファンド（ETF）を下回り、そのうち3割はリターンがマイナスということです（次ページの図参照）。

インデックスを上回ることを目指すアクティブファンドの成績が振るわないのは、コストが高いせいです。5％のリターンをあげてもコストが2％かかれば実質リターンは3％です。コストの安いインデックスファンドにリターンでは負けてしまうのです。結果的に一時期運用成績がよかったアクティブファンドもありますが、前もってそういうファンドを選ぶことはできません。コストが高いと、運用がうまくてお金がより増えるという間違った認識は変えましょう。

コストの高いものは、消費者にはマイナスですが、売り手側にはとってはおいしい商品です。金融庁の金融レポート（平成27事務年度）にも、（一時払い）**外貨建て保険**、**ファンドラップ**等が熱心に売られている背景として、手数料の高さをあげています。

外貨建ての商品は、運用と死亡保障がパッケージになった商品ですが、多くの生命保険会社が金融機関に対して、販売手数料の上乗せキャンペーンや募集人（販売員）向けのイ

投資信託の信託報酬とリターン（国内株式アクティブ運用）

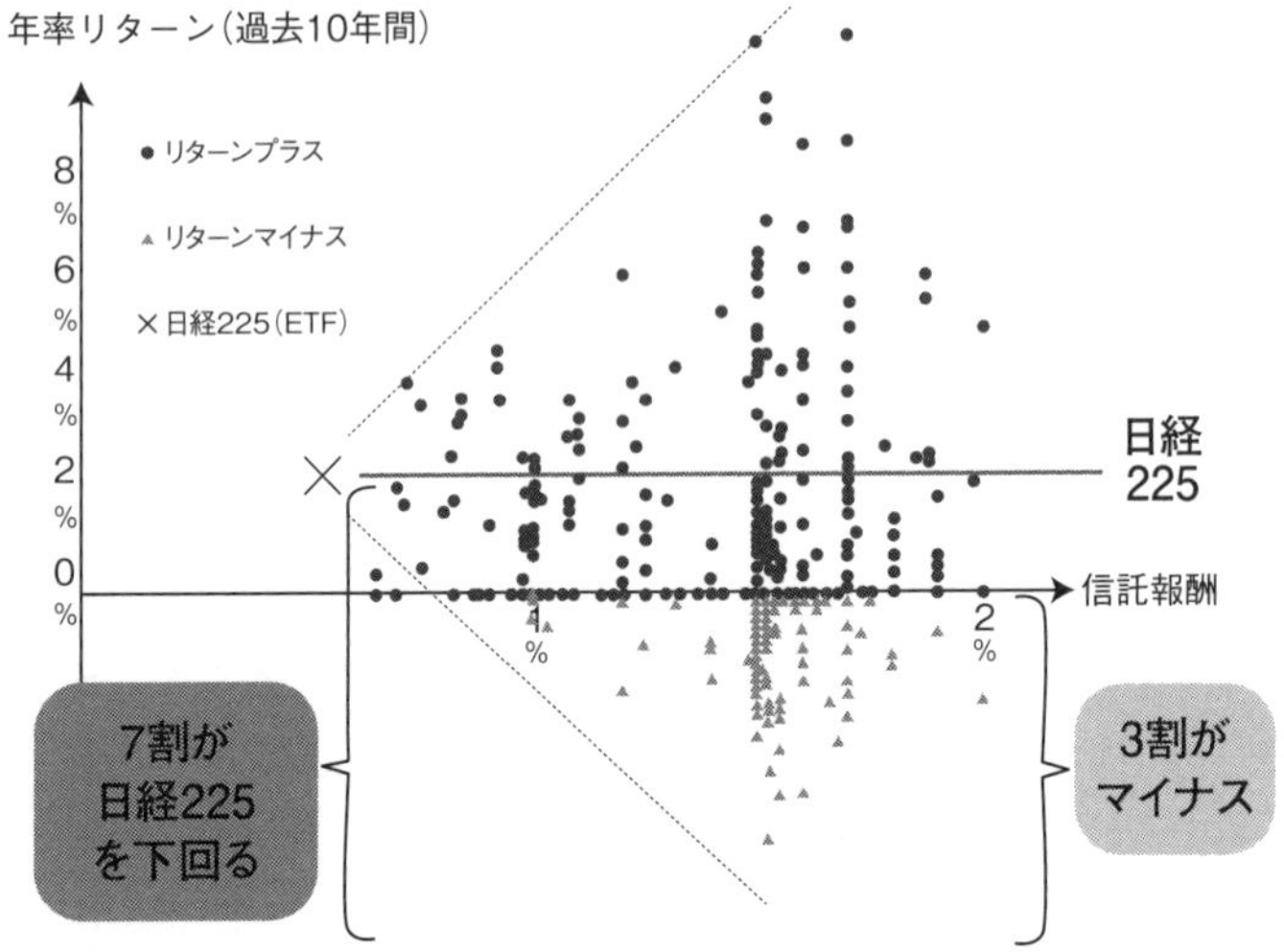

（出典）QUICK、Bloomberg（2016年11月末時点）より、金融庁作成

ンセンティブ供与を実施しています。自社商品を優先して売ってもらいたい、販売のモチベーションアップを意図していますが、結局、契約者が支払う保険料を上昇させる要因の一つになっていると指摘されています。

また、ファンドラップは、金融機関が、顧客の目標とする利回りやリスク許容度を聞き取って、資産配分や商品選択をして、運用してくれるものですが、丸ごとお任せでよい代わりに、資産残高に応じて投資一任報酬が徴収されます。プラス投資信託の信託報酬がかかります。もちろん販売手数料もかかります。

1章でも述べましたが、ファンドラップは、銀行口座に一定額以上のお金、たとえば退職一時金などが振り込まれると、銀行から連絡がきて勧められることが多いようです。老後資金として少しでも増やしたいけれど、退職を迎えるまで一度も投資をしたことがないという人は、銀行に一任してもよいのではないかと思うようです。

しかし、本能的な？　不安も感じるようで、外貨建て保険とファンドラップについては、「本当に買っても大丈夫か」というご相談もとても多いのです。買う前にご相談に来てくれて本当によかったと思います。プロの手を介して行わなくとも、自分で同様のポートフォリオで運用することができますので、私は、「買ってはいけません」と伝え、低コストの投資信託でゆっくりのんびり運用する方法をお話します。

結局、自分で資産運用するのが、一番コストを抑えられていいのです。最近は、販売手数料ゼロ（ノーロード）、信託報酬は年0・2％程度ですむインデックスファンドも多くそろっています。また、非課税で運用できるお金の置き場所も整ってきていますので、それらを使い、リスク資産をどのくらい持つことができるか、リスク許容度を自分で考えて運用していけばよいのです。方法については5章で述べます。もちろん、リスクを取りたくなければ、無理に運用する必要はありません。退職一時金で、**個人向け国債変動金利型10**

年満期（変動10）を買ってもいいのです。元本割れしませんし、年に2回金利の見直しがあるので、今後の物価上昇にもある程度はついていけます。

保険のセールストークに乗ってはいけない

生命保険会社のセールストークを、私はひそかに**「不安商法」**と呼んでいます。不安商法とは、消費者の不安を煽《あお》ることで商品を買わせる商法で、「先祖の悪行が……」というあれです。昔から生命保険会社は、「一家の大黒柱であるあなたにもしものことがあったときに残された遺族が困らないために」というような、感情に訴えかけるセールストークやコマーシャルを展開してきました。それはそれでわかりやすいし、真実も含まれているので（保険提案書の遺族の必要保障金額が大きすぎる点は別として）、これについて言及するつもりはありません。しかし、気になるのは、外貨建て保険を売るために展開されているセールストークです。根拠のないことを言って、消費者の不安を煽っているように思えます。

ある男性は、「今後、人口の減少で経済成長率も下がり、政府債務残高の多い日本の国力は低下していきます。すると円は弱くなって円安になります。代わりに強い米ドルを持ちましょう」と一時払いの米ドル建て終身保険を勧められました。

また、ある女性は、「日本は多くの食料を輸入しています。日本円の貯金だけしか持っていないと、今後、輸入品の価格が上がったとき、買えなくなりますよ。金利の高い外貨建ての個人年金保険でお金を増やしておきましょう」と言われ、米ドル建ての個人年金保険を契約しました。このようなことがパンフレットなどにも書かれています。

「日本は国力が低下するので円安になる」というのは、外貨建て保険を売るときのセールスの常套句《じょうとうく》になっています。もっともらしく聞こえますが、そんなことはありません。

為替の変動の要因は、期間によって異なります。「短～中期」では金利が変動要因となり、金利の高いところにお金は流れますので、買われて通貨高になります。

しかし、これらの保険の対象になっている「長期」では、二つの国の物価の差、つまり購買力平価によります。

購買力というのは、モノを買う力のことです。インフレ率の高い国（物価が高い国）の通貨は、だんだんと買えるモノが少なくなっていって価値が下がります。たとえばリンゴ1個が1ドルだったのが、10年後に2ドルに値上がりしていれば、1ドルのモノを買う力は半分になったことになります。

逆に、日本のようにデフレが長く続いた国の通貨は上昇しやすくなります。為替相場は、二つの国の物価水準が同じになるところが適正な水準となり、これを「購買力平価」と呼ぶのです。国力と為替には明確な関係はありません。

今後も日本のインフレ率が他の国より低ければ、相対的に円の価値は上がり続けます。絶対にないとは言えませんが、少なくとも、「日本の国力が低下してどんどん円安になっていく」ということではないのです。

「金利の高い外貨建ての個人年金保険でお金を増やしておきましょう」というセールストークも気になります。

確かに、超低金利の円に比べ、外貨ベースでは高金利の通貨はおトクのように見えます。でも、外貨建て保険で積み上げていった積立金等は、一般的にはいつかは日本円に戻すでしょう。そのとき、加入時よりも円安ならいいのですが、円高ならば元本割れしてしまうことだってあります。

円建てよりはるかに高く魅力的に見える積立利率ですが、為替次第では運用益も吹っ飛んでしまいます。為替は、これまでも2割3割くらい普通に変動しています。執筆をしている現在2019年4月は1ドル111円ですが、2012年は、3割高い1ドル80円でした。

為替が今後どうなるかは、専門家でも難しいといわれていますので、「円安」を期待して買うのは危険です。

多くの場合、高金利の通貨は、その国の物価上昇率が高いということなので、長期にわたって物価が上昇すれば（インフレになれば）、その国のお金の価値は低下していく。もちろん時期によっても違いますが、「インフレ率が高い国の通貨は長期では下落する」という法則を知っていれば、高金利の通貨がおトクだとは言えないことがわかります。

ただ、将来、日本がインフレになったときに購買力を維持する上で、外貨に投資をするのは必要です。でも、それは単純に外貨を持つということではありません。

外国為替は円と交換するときの値段が変動しているだけで、金利は生むものの、それ自体が価値を生み出しているわけではないからです。資産の一部に外貨建て資産を持つことは大切ですが、わざわざ主に外債で運用している高コストな外貨建て保険で持つ必要はありません。低コストのインデックスファンドで海外株に幅広く投資するといいでしょう。20歳以上の国民なら、誰でも、１口座、税制優遇のあるＮＩＳＡかつみたてＮＩＳＡの口座を持つことができますので、そこで運用すると効率的です。

保険でお金を増やすのは難しい

「外貨建て保険」が資産形成には向かないことは述べてきた通りですが、もう一つお伝えしたいことがあります。

２０１９年4月20日、金融庁主催で開催された「つみたてＮＩＳＡフェスティバル２０１９」の中の「長官に聞いてみよ〜！」というコーナーでも、遠藤俊英長官が、「外貨建て保険は、投資信託以上に販売手数料が高い。手数料を顧客にわかりやすく開示すべきだ。『保険は、保障部分があり投信と比べられない』というのではなく、リターンをわかりやすい形で開示し、その上で、顧客に比較して選んでもらうということをしてほしい」とおっしゃっていました。生命保険会社の販売員や保険ショップで、インデックスファンドなどのほかの金融商品を比較のために提示するというのは難しいかもしれませんが、せめて銀行では、資産形成の方法として、つみたてＮＩＳＡやＮＩＳＡ、イデコを使い、低コストで運用できることを顧客に示していただきたいと思います。

外貨建て保険は、「死亡保障を持ちながら運用もできて一石二鳥」とアピールされています。ところが保障は、外貨ベースでの一時払い保険料相当額が保険金額として最低保障され、亡くなった時点で、そのときに積み上がった資産が戻ってくるだけです。

毎月保険料を支払っていくタイプの一般の死亡保険なら、もし契約した1年後に死亡したとして、たとえ1年分しか保険料を支払っていなくても、契約時の保険金額が支払われます。外貨建て保険の場合は、保険本来の「大勢の人が公平に保険料を負担し合っていざというときに給付を受け取ることができる相互扶助の仕組み」ではないのです。それならば、投資信託を持っていたとしても同じことです。

金融レポート（平成27事務年度）に、「このパッケージ商品（外貨建て変額保険のこと）を構成する外国債券と投資信託、（掛け捨ての）死亡保険を別々に購入・契約することでも、このパッケージ商品と同等の経済効果を得ることができる」と書かれていますし、私もまったく同意見です。実際にかかる手数料でどれほど差が生じるのかを比較もしてみましたので、ご興味のある方は拙著『「保険でお金を増やす」はリスクがいっぱい』（日本経済新聞出版社）をお読みください。

また、外貨建て保険は、運用目的で加入する人がほとんどです。それなのにコスト以外にも、リスクや利回りについての説明が不十分などで、その後、トラブルになるケースも増えています。生命保険協会が公表した調査結果では、外貨建て保険に関する苦情は1888件（2017年度）で、5年前の3倍に急増しています。外貨建て保険の注意点をまとめておきます。

・死亡保障と資産形成をパッケージにした商品なので、保険と運用にそれぞれ費用がかかり非常にコストの高い商品である。
・保険設計書やパンフレットに示されている返戻率は、外貨ベースですので、受け取り時に円高になっていれば元本割れすることもあり、元本保証された商品ではない。
・示されている返戻率は、契約時と為替レートが変わらないことを前提にしたバーチャルな数字である。
・今後、世の中の金利が上がっても低い金利のままで長期間固定されてしまう。
・長期の契約が前提となっている保険は、受け取り時の保険金額について、時間による貨幣価値の低下を考える必要がある。
・円建てよりはるかに高く魅力的に見える積立利率も、為替次第では運用益を失ってしまうこともある。

ということで、運用目的での加入はお勧めできません。

最初にリスクの話をしないセールスパーソンは信用してはいけません

外貨建て保険は、保険という名前がついているものの、保障は非常にうすく、いわば保険の皮を被った**ハイリスクの運用商品**です。販売の際には、顧客に対し、リスクの説明を丁寧にして十分理解してもらうことが必要なはずなのに、私のところにご相談に来られる方でリスクについて正確に理解している人はほぼいません。

なぜなのだろうと考えてみると、商品が複雑で難しいので、説明を受けている最中で、顧客が話を聞くのが嫌になってしまう、一応説明は受けたけれど、忘れてしまった――ということではないかと思います（と思いたい）。

しかし販売側が、説明が長くなって飽きられると売れなくなるのではないかなどの危惧から後回しにしたり、さらには、十分な説明をしていないということが起こっているとすれば由々しきことです。

生命保険の話ではないのですが、ある証券会社のセールスパーソンに「リスクの説明はどうしているのですか」と聞くと、「お客さんが、儲かる話を聞いてテンションが高いのに、リスクの話をすると、それならもういいやと言われることもあるので、自分は先にリスクの話をします。リスクはありますが、それを上回るリターンが見込めることを伝えます」と言っていました。

また、他のセールスパーソンは、「投資経験のある人にはリターンの説明から入り、経験の少ない人、ない人には先にリスクの話をします」といいます。理由は、いい話から入るよりも信用してもらえるからだそうです。

なるほど。しかし、これらの回答は、どうもしっくりきません。なぜなら、リスクというのは不確実性のことですので、リスク性商品を売るのに、リスクをまず説明しないなんて信じられないからです。顧客がリスクを理解して、買わないという結論を出せばそれでいいわけです。売るためにリスクの説明をどのようにしていくかで頭を悩ますなんて必要はそもそもないはずです。正しい説明を、顧客が理解できるように伝えればよいのです。ですから、最初にリスクの説明をきちんとしないセールスパーソンからは金融商品を買ってはいけません。また、購入の際は、わからないことはわからないと伝え、疑問点がまったくなくなるまで、説明を求めましょう。十分に理解できない商品は絶対に買ってはいけません。

消費者として大切なことですので、リスクとリターンについて整理しておきます。

運用や投資では、お金が増えることもあれば、減ることもあります。このどうなるかわからないことを投資の世界では「**リスク**（不確実性）」と言います。日常に潜むリスク＝危険とは違う概念です。投資が怖いという人は、投資＝危険と解釈しているのだと思いますが、そうではありません。

これまで投資をしたことがない人にとって怖いのは、今後いくらになるのかわからないことでしょう。儲かるかもしれないけれど、損するかもしれない不確実性（リスク）に対して恐怖を持つのです。だから、「お金は増やしたいけど、株式に投資をするのは怖いので、結果が明記されている保険で」という発想になるようです（外貨建て保険のリスクについてはすでに述べた通りです）。

投資の収益のことを「**リターン**」と言います。リターンには、金利や配当金のように定期的に支払われる「インカムリターン（インカムゲイン）」と、株式や債券のように、価格が値上がりしたときに得られる「キャピタルリターン（キャピタルゲイン）」があります。そして、両方を合わせたものを「トータルリターン」と言います。

定期預金のリターンは金利です。定期にお金を預けるときは、あらかじめ決められている金利が適用されます。今はメガバンクで年利0・01％ほどと、とても低い状態です。定期預金は、株式のように売買されることがないので、キャピタルリターンはありません。

債券はいろいろありますが、利率が確定している一般的な債券は、インカムリターンは決まっていて、その債券を売買する価格は市場で変動します。

株式も、会社の業績次第でトータルリターンが変動します。上がるかもしれませんし、下がるかもしれません。リスクの大きさは、**「預貯金＜債券＜株式」**となります。

普通は、リスク（不確実性）が高いのなら、それなりにリターンがほしいと思います。同じリターンなら、確実性の高いほう、つまり不確実性の低いほうがいいのは当然です。よりリスクの大きなものには、より大きなリターンを期待しますし、リスクがあまり大きくないものはそれなりにということで、いわゆる「ハイリスク・ハイリターン」「ローリスク・ローリターン」です。投資でもっとも重要な原則は、リスクとリターンはトレードオフの関係ということです。

しかし、ここまではあくまで一般論です。中にはリスクが大きいのにリターンがそれに見合わない取引もあるのです。たとえば、為替取引です。外国為替は円と交換しているときの値段が変動しているだけで、金利は生みますが、それ自体が価値を生み出しているわけではありません。為替取引そのものにはリスクがありますが、それに見合うリターンはありません。

また、金融商品のすべてがリスクとリターンのバランスが取れているわけではなく、コストが高いゆえに、結果的にその分リターンが大きく棄損されてしまい、ハイリスク・ローリターンになるものもあります。

資産形成をするときは、リスクに見合ったリターンが得られる種類の資産かどうか、コストが高すぎないかをしっかり見極めた上で商品を選ぶことです。

繰り返しになりますが、先に述べた外貨建て保険で保証されているのはあくまで外貨ベースですので、為替次第では元本割れするというリスク（不確実性）があります。さらに、運用を目的にした場合、販売手数料などを引かれて元本割れした状態からスタートするのは明らかに効率が悪いはずです。運用して価格が上昇したとしても、途中でかかるコストの分は、その効果を手放さなければなりません。高コストの外貨建ての保険は、リスクは大きいのにリターンが少ない商品だと言えるでしょう。

また、預貯金であればいつでも自由に出し入れできる（流動性）、お金の特質を損なう側面が保険にあるのだということも大きな問題です。契約から一定期間（通常10年というものが多いですが、中には15年というのもあります）で解約すると、解約控除がペナルティとして引かれます。契約時に、なぜ自分はこの保険に加入しようと思うのか、しっかり考えてみてください。運用目的なら相当に非効率な選択のはずです。

マーケットがこれからどうなるかは誰にも当てられない

「買い時」を当てるなんてことは誰にもできないのではないでしょうか。とかくプロを自称する販売員の方々は、「何の根拠があって？」と突っ込みたくなるセールストークも少なくありません。

外貨建て保険のセールスでは、「少子高齢化で日本は国力が弱くなるので円安になりますから外貨建て資産が必要ですよ」とか、住宅購入時には、「こんな景気では政府も金利はまだ上げませんよ」と言って変動金利タイプで返済計画の試算をして購入を勧めるとか、テーマ型投資信託のセールスでは、「大人気で、今が買い時ですよ」とか……。

販売者も、それなりに勉強をされて、自信を持って発言されているのだとは思いますが、ちょっと違うのではないかと思います。セールスの人を信用して、勧められたままに商品を買うというのはやはり危険ではないでしょうか。もちろん自己責任ですから、一か八か賭けてみようというのならば止めませんけれど……。

先日、ご相談に来られた方も、「絶対的に信用している人（証券マン）に勧められた」と言ってドル建ての個人年金保険を買われていました。私から見れば、「盲目的に信用しているけれど、実際はこういうリスクがあって、そのおいしい話は保証されているわけではないのですよ」と言いたいことが満載の商品でした。

そこで、なぜ、そんなにその人を信用しているのかを伺いました。すると、「かれこれ長いお付き合いで、過去に彼に勧められた商品を買ったらとても儲かったので」という成功体験があるということでした。さらに、「彼は、買うべきでない商品ははっきりダメだと言ってくれるのです」とのこと。「買い時には、タイミングよく連絡をくれて、よい商品を勧めてくれます」とも。「彼」は信頼に値する人だそうです。

ちなみに、その方が、「彼」に勧められて買った一時払いのドル建ての個人年金保険は、据置き期間が2年で、終身で年金が受け取れるというものでした。40年後の返戻率が示されていますが、これは契約時と為替レートが変わらなかった前提での話、つまりバーチャルな数字ですし、保証されている年金額もドル建てです。

平たく言えば、お金を銀行預金口座からこの保険に移しただけのように思えました。

販売手数料を取られ、ずっと運用費用と保障の費用を差し引かれながら元本を取り崩していくという、一体どこがよいのかしら？　という商品です。信頼されていたら、こういう商品も売れるんだなと驚いた次第です。

「年金だけでは足りないから、生活の足しになるように毎月分配型投信を」と勧められて、ありがたがって買ってしまうのも同じです。約束された配当金は、たとえ利益が出なくても支払われます。ただし、それは、自分の元本を取り崩して支払いにあてられているだけです。コストを支払いながら、自分のお金を取り崩すって……。ともかく、「商品内容をしっかり理解してからにしてください」ということなのですが、もう一つ。勧められたときには、「そんなにいい商品ならあなたが買えばいいじゃない」と言ってみてください。あるいは、「当然、あなたも持っているのですよね？」と。リトマス試験紙にならないかな。

「初心者向けですよ」「低リスクですよ」の嘘

「初心者でしたらこの商品がお勧めです」「リスクを取りたくないならこれがお勧めです」というセールストークを聞きます。勧められるのは**「個人向け社債」「外貨建て保険」「仕組み預金」**が多いようです。

元本割れをしない「安全性」を強調しているようですが、結論から言えば大嘘《うそ》です。

まず、「外貨建て保険」が為替次第では元本割れすること、高金利をうたっているけれど、保証されているのは外貨ベースなので、為替次第では利息も吹き飛んでしまうことは先に述べた通りです。

「個人向け社債」は、「マイナス金利の時代に、2％以上の利率がつくなんて絶対に買いですよね？」などとご相談をよく受けます。「個人向け社債」は、ＩＦＡなどが熱心に売っていることもあり、買う機会も増えているようです。

社債は、企業がお金を借り入れるために発行する借用証書です。社債を買うということは、企業にお金を貸すことと同じです。その企業の経営がどうなのか、ちゃんと借金を返せるのかなど、しっかり調査して見極める必要があるものの、個人で判断するのは難しい。もちろん、倒産すれば元金は償還されません。リスクがあるからそれに見合った金利がついているのです。「金利」が、貸し賃だと考えればどうですか？　ちゃんと働いていて、身元もしっかりしている会社員の友達Ａに１００万円を貸すのと、仕事が長続きせず、パチンコで生計を立てている友達Ｂに１００万円を貸すのと、あなたならどちらの利子を高くしますか？　踏み倒されてしまう可能性のあるＢの利子を高くしますよね？

また、「仕組み預金」は、預金という名前がついているのに、元本割れしない預貯金とは違います。デリバティブを組み込んだ商品で、円仕組み預金、外貨仕組み預金があり、定期預金金利より高い利率が設定されています。

預入期間が設定されていますが、金融機関の都合で短縮されたり延期されたりすることがあります。一方、預金者は中途解約できません。解約すればペナルティが科されて元本割れします。また外貨建ては、預け入れ時、払い出し時に為替手数料もかかりますし、為替レートによっては元本割れすることもあります。

これらの商品を勧められたとき、預貯金の金利と比較して得だと思う人が多いのですが、まずそこが間違っています。預貯金は必要になればいつでも自由に使えますし、元本割れをすることはありません。しかし、これらはそうではありません。リスク（不確実性）があります。リスクに見合った利回りを得られるのかを考える必要があります。

そもそも、初心者向けという商品は存在しないのです。リスクをどれだけ取れるかは、のちほどご紹介していますが、自分の老後の生活費がどのくらい減ることに耐えられるか金額で考えるとわかりやすいと思います。今後どうなるかはわからないリターンだけを見て損得を考えず、お金が減るときはどのくらい減る可能性があるのかを具体的に考えることです。うまくいけば儲かるかもしれないけれど、うまくいかなかったときはいくらくらい損失が出るのかを金額で考えてみましょう。

また、「東京オリンピック前に買ったほうがいい」とか「雇用統計がよかったから今は買い時です」などと、イベントに焦点を当てて、買うタイミングを急《せ》かすセールスにも要注意です。

その人の心には、「ここで決めてもらわないと、気持ちが変わるかもしれない」という焦《あせ》りがあるのだと思います。家に帰って家族や友人に相談して反対されるかもしれないという心配があるのです。

また、もっと切実にノルマに追われていて必死だということもあるでしょう。金融機関は、「成績がすべて」らしいですから、お客様の迷いをいかに払拭《ふっしょく》し、買ってもらうか懸命です。

それにしても、「東京オリンピック前に買ったほうがいい」とか「雇用統計がよかったから今は買い時です」という急かし方は、ちょっと儀式っぽいなと思います。子供の頃に一度は体験したことがあるでしょう。花占いやコイン占いの、「表が出たらやる」という踏ん切りをつけるためのあれです。

「雇用統計がよかったら買い時ですよ」は、迷うあなたの心に踏ん切りをつけてくれている大変お節介な行為です。買うタイミングを急かす人とも縁を切ったほうがよさそうです。

「利子で暮らせたらいいと思いませんか」ですって？

先日のことです。「知り合いのＦＰの方から発展途上国の債券に投資をしていけば、利子だけで生活できますよと勧められたので買いたいと思っているのですが」という相談がありました。利息だけで生活できるとはまた大きく出たものだと思いながら、話を聞いてみました。要は、「昔は日本も定期預金金利が７％の時代があった。海外には、まだまだそんな国がたくさんある。高金利の国の債券を持っていれば利子を受け取れるのだから、長期保有すれば利息で生活も夢ではない」という話でした。勧められた債券の利率は10％なのだそうです。

「でも為替リスクがありますよね？」と言うと、「高金利なので相当円高にならない限りは大丈夫だと言われました」ということでした。さらに、「株式だと株価が下がってしまえば元本割れをします。でも、債券なら、保有している限り高金利の利子がついて、満期になれば元本が返ってくるのだから安全かつ確実ですよね」とおっしゃいます。

さて、いろいろとお伝えしたいポイントがありますので、一つずつまいりましょう。まず、「債券は元本確保なので安心だ」という点です。確かに債券は、償還時に元本を返すという約束で発行されるものです。しかし、発行者が元本を返せなくなることは起こります。たとえば、2％の利率のつく社債では、発行会社が破綻したとき、約束通りに元本と利息が償還されない可能性だってあります。そのリスクを考えたときに、2％の利率が魅力的なのかどうかを考える必要があるのはすでに述べた通りです。債券に投資をするときは、ちゃんと予定通りに利子や元本を支払ってもらえるのか、債券を発行している国や企業をどこまで信用できるのかがポイントになります。

国の発行する債券なら、国が保証している点で元本保証に意味がありますが、海外の先進国の国債は、為替相場によっては損をすることもあります。

また、金利の高い新興国の債券が安全だとは言えません。新興国の政府や企業が発行する債券は、「**新興国債券**（エマージング債券）」と言い、新興国は政府が財政破綻して、債券保有者に対して、利子や元本の支払いを停止することも起こっています。一般的に信用度が低いので、買ってもらうために利子が高くなっています。

二つ目のポイントは、金利の高い国の通貨は儲かると思われていますが、必ずしもそうではないのです。これは94ページで述べたように、外貨ベースでは、「高金利通貨」はお得に見えます。ただし高金利通貨は多くの場合、その国の物価上昇率が高いということです。長期にわたって物価が上昇すれば、段々と買えるものが少なくなっていき、お金の価値は下がります。短期的には高金利＝通貨高であっても、長期的には対円で下がりやすいのです。高金利の外債を買って金利収入を得られたとしても、外債の金利も元本も日本円に戻して使いますので、為替次第では損をすることもあるし、さらに為替手数料などのコストも高いので注意が必要です。

最後に、外国債券を持つと、買ったときより円安になったときには儲かりますが、円安になると外国株式や国内株式の価格も上がります。外国為替は円と交換するときの値段が変動しているだけで、金利は生むものの、実質的な価値を生むわけではないことはお伝えしました。たとえば、世界全体の株式に幅広く投資をすれば、長期では企業価値が大きく高まることで収益を得られます。円安への備えは、低コストのインデックス投信で国際分散投資をすることで十分です。

第4章

買ってはいけない金融商品

買ってはいけない金融商品、サービス、投資リスト

おススメしない商品	おススメしないサービス、投資
外貨建て保険 （終身・養老・個人年金）	ロボットアドバイザー （ロボアド）
貯蓄性保険 （学費・個人・年金・養老・終身等）	ラップ口座／ファンドラップ
変額保険 （円建て・外資建て）	FX（外国為替証拠金取引）
引受基準緩和型保険 （医療・死亡）	仮想通貨（暗号資産）
個人向け社債	海外不動産投資
仕組み預金	不動産投資の サブリース契約
毎月分配型投資信託	ギャンブル・宝くじ
テーマ型の投資信託	
通貨選択型投資信託	
ハイ・イールド債券ファンド 通貨選択型もある	
投資信託セット定期	

こんな金融商品は買ってはいけない

資産運用目的で、外貨建て保険や、個人向け社債、仕組み預金を買うのをお勧めしない理由はおわかりいただけたと思います。

そのほかにも、買ってはいけない商品はあります。まずは、人気のある **「毎月分配型投資信託」** です。毎月、奇数月など決まった期間ごとに分配金が支払われる商品です。年金を受け取っている世代には、「お小遣い」感覚でうれしいようです。

しかし、支払われる分配金は、運用で得た利益だけではありません。利益が出ない場合は、分配金を支払うために元本を取り崩して支払われます。空腹のタコが自分の足を食べるように、元金を払い戻していることを指して、「タコ足」配当と批判されています。それなのにこの仕組みを知らない方も多いのです。以前、呼んでいただいた勉強会は、出席者の年齢は70歳代で、金融機関出身者が多かったのですが、ほとんどの皆さんが知りませんでした。「俺は部下に騙されていたのか……」と落胆していて気の毒でした。

金融庁も金融レポートの中で注意をうながしています。手数料が高いことと、分配金が払い出されることで複利効果がなくなり、資産形成には不向きな商品です。

金融庁のパンフレットにも注意が記載されている

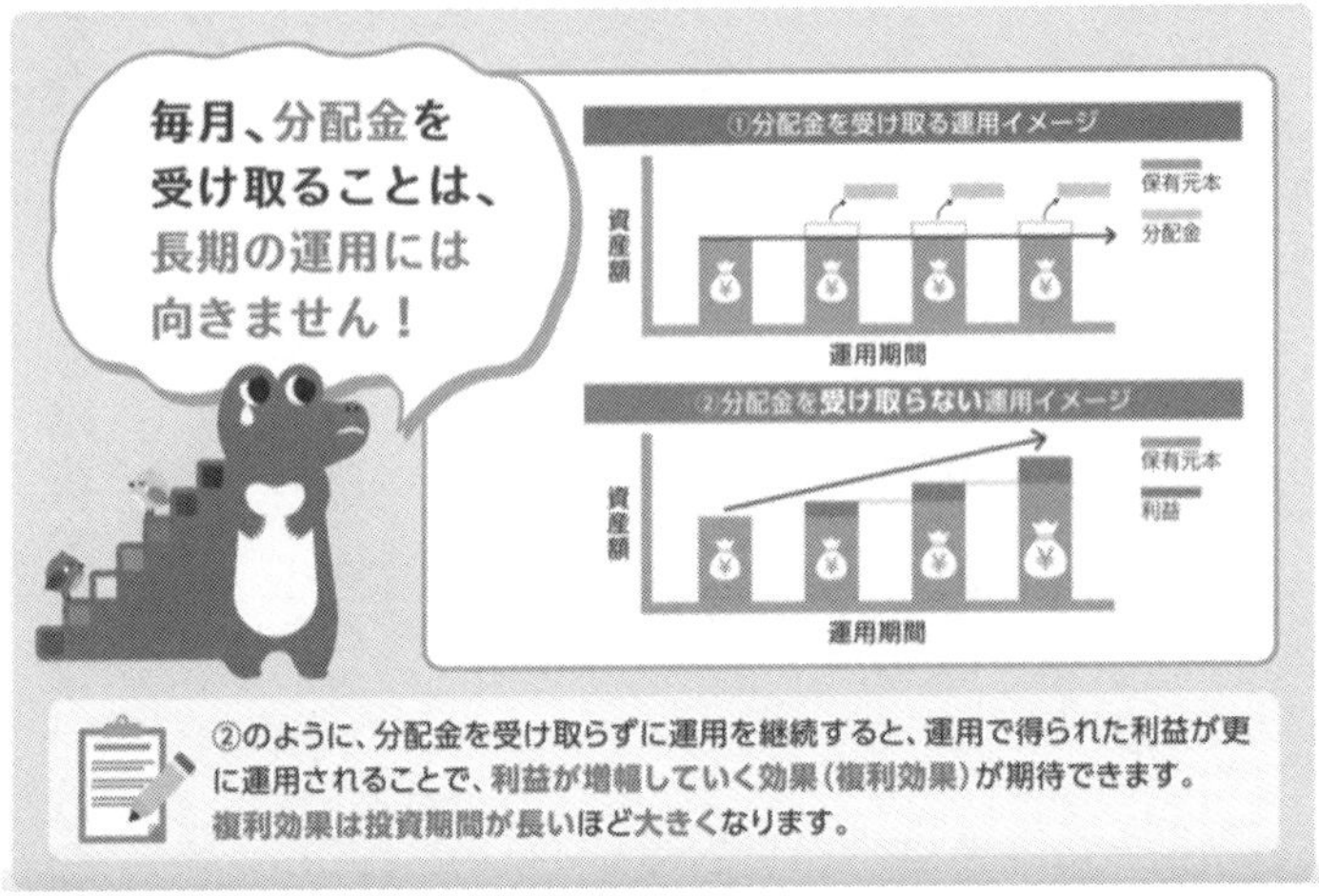

出典「つみたてNISA早わかりガイドブック」（金融庁）

お金を効率的に増やしていくのには、複利の力が有効ですということは先に述べた通りですが、「毎月分配型投資信託」は、せっかく得られた利益を分配金として受け取るのですから、複利効果をわざわざなくしてしまう仕組みです。

利益が出た場合は分配金を受け取る都度に税金もかかります。高い手数料を支払って、金融機関を儲けさせてあげなくても、預貯金を取り崩してお小遣いに当てればいいですし、運用は、長期でしっかり続けましょう。

ゲノム、AIやロボット、環境など、話題のテーマに関連した企業や業種に投資対象を絞った**「テーマ型の投資信託」**

も人気です。いかにも世の中を知っているんだぞという調子で購入されたことを自慢される方もいらっしゃいますが、往々にして、話題になったときにはすでにピークは終わっていると専門家は言います。

また、もっとも大きな問題は、ブームを追いかけると、結果的に回転売買のカモになるということです。その都度販売手数料を取られる上に、運用の肝である「長期、分散、低コスト」のすべてと相反しています。短期で、偏ったテーマ設定で分散がなされず、高コストというダメダメな商品です。

塩漬けになった投信を売ろうと思い、「これなら今、売れています。今度は絶対大丈夫です」などとテーマ型を勧められるケースもあります。塩漬けの投信で失ったお金はあきらめて早く売ってしまうほうがいいのです。くれぐれも「今度こそ！」などと思って買わないことです。

債券は株式よりもリスクが低いから「安全資産」だと思って、**「ハイ・イールド債券ファンド」**を持っている方もいました。そう勧められたのでしょうが、トホホという感じです。安全資産とは元本割れしないことですが、債券で「安全資産」と言えるのは、先進国の信用度の高い国債だけです。「ハイ・イールド債券ファンド」は、立派な「リスク性資産」

です。
正しく理解しましょう。「ハイ・イールド債券ファンド」とは、複数の格付けが低いハイ・イールド債券に投資している投資信託です。非投資適格社債でジャンク債とも呼ばれています。発行元の企業が破綻する確率が高い投機的格付けというポジションですので、リスクが高い代わりに利回りを高くしているのです。ハイリスク・ハイリターンというわけです。ただし、販売手数料や信託報酬も高いので、本当にハイリターンになるかどうかはわかりません。

また、ハイ・イールド債券とトルコリラなど新興国の通貨を組み合わせた**「通貨選択型の投資信託」**というのもあります。利回りが高いのが売りで、一時は、ご相談に来られる方も持っている人が多かったです。販売手数料や信託報酬が高かったので、熱心に売られていたのでしょう。毎月の分配金が高く設定されていたので、魅力的に思った人も多かったようで、売りやすかったのかもしれません。売り手の売りたいものは、消費者にとっては、高コストで資産運用にはそぐわない、よくない商品の典型です。

こんなサービスにも要注意

まず、ハテナ？　と思うのは、**ロボットアドバイザー**（ロボアド）です。

運用を一任するロボアドは、「ＡＩを駆使してお客様に最適なポートフォリオを」という触れ込みで、いくつかの簡単な質問に答えるとその人に最適だというポートフォリオが示されます。リスク許容度によって資産配分が変わる仕組みです。

最適だと割り出されたポートフォリオで運用してくれて、資産配分比率が崩れたときには、リバランス（元の比率に戻すこと）もしてくれます。運用に使われるのはＥＴＦ（上場投資信託）やインデックスファンドで、国内外の株式や債券などに分散投資をし、預かり資産の１％前後程度の手数料がかかります。

ロボアドは、運用を一任できる便利さはありますが、逆に言えば、最低限の知識や勉強をすることなくスタートできます。すると、マーケットが悪くなったときにいやになってやめてしまうなど、投資で大切な**「長期で続ける」**という気持ちを持ちにくいのかなと思います。商品から入ってはダメだというのも同じ理由です。投資をスタートするハードルが下がるのはいいことですが、安易となってはいけないと思います。

私たち一般生活者が投資をするのに、難しい知識や長い経験はいりません。しかし基本的なことを、身体の中にすとんと落としておく必要があります。それは、金融庁の「つみたてＮＩＳＡ早わかりガイドブック」の中でも説明されている「長期・分散・低コスト」です。

金融庁のつみたてＮＩＳＡの紹介ページ

https://www.fsa.go.jp/policy/nisa2/about/tsumitate/guide/index.html

運用期間はなるべく長く、分配金などを払い出さずに複利で運用し、適切に分散投資をして、運用商品はなるべく低コストのものを使うということです。

ロボアドは、後述するファンドラップよりはコストが低いようですが、イデコやつみたてＮＩＳＡを使って自分で運用すれば、もっと低コストですみます。ずっと１％前後の手数料を取られ続けるというのは、私は特にありがたいとは思いません。

ロボアドは、最適なポートフォリオの提供を売りにしていますが、中には自社の運用するバランスファンドを勧めてくるなど、疑問を持ちたくなるものもあります。

そもそも、ポートフォリオに特別なカスタマイズは必要なのでしょうか。

年齢や投資経験、お金持ちかどうかなどにかかわらず、誰にとっても効率のよいポートフォリオは同じだと思います。違うのは、いくらリスク商品を持てるかだけです。

ロボアドの診断では、保守型や積極型などでリスク許容度が分けられますが、これもわかりにくい……。

運用をするとき、優先的に使いたいのは税制優遇の大きいイデコやNISA、つみたてNISAですが、そこでいくら運用していくか＝リスク資産をどのくらい持つかというのは、「金額」で考えてみるほうがわかりやすいと思います。

まず、あなたは、「1年後に最大で3分の1損するかもしれないけれど、同じくらいの確率で4割くらい儲かることがあり、平均的にはリスクを取らない資産よりも年率5％くらい利回りがいい運用対象に投資をするとすれば、いくらまでなら大丈夫でしょうか？」

これを**「360」**という数字を使って考えます。

65歳でリタイアするとして、95歳まで生きるとすれば、30年間あります。月にすると360ヶ月です。その間は、多くの人が、公的年金とそれまでに貯めたお金を取り崩して生活費にあてるでしょう。

もし、マーケットが悪くて運用がうまく行かず、あなたの資産が360万円減ってしまえば、老後毎月使えるお金が1万円減るということになります。逆に、運用がうまくいって360万円増えていれば、老後の生活費は月に1万円増えます。

仮に、老後生活費が30万円から29万円になっても大丈夫だと考えるなら、リスク商品を、国内外の**インデックスファンド**を組み合わせて1080万円まで持つことができると考えます。

インデックスファンドというのは、TOPIXやMSCI-KOKUSAIなどの指標に合わせて動くように運用されている投資信託です。つみたてNISAやイデコで、日本株式のインデックスファンドと、日本以外の先進国の株式インデックスファンドを4:6くらいの割合で持つといいでしょう(『人生にお金はいくら必要か』山崎元氏と共著・東洋経済新報社)。

また、現金がある程度積み上がっている人ならば、日本や新興国を含むMSCI All Country World Index(ACWI)などの世界の株式に投資するインデックスファンドをつみたてＮＩＳＡやＮＩＳＡで買っていけばいいでしょう。

ロボアドから提案されるポートフォリオは、リスク許容度が低くなるほど債券の割合が多くなります。

株式と債券を組み合わせると、リスクのバランスがよかったというデータがよく知られていますし、株式と債券を組み合わせるのが運用のセオリーだとも言われています。それらを踏まえて、国内外の株式・債券に四分散投資をする、リスクを下げたければ債券比率を大きくすることなのだと思います。

国内債券については今、**長期国債**（10年物国債の流通利回り）が、日銀の金融政策によってほぼゼロです。ゼロならば預貯金と同じです。わざわざコストを支払って買わなくてもよいのではないかと思います。また、期待リターンが小さいにもかかわらず、インフレ目標2％が達成されたときには、国債の利回りが上昇して価格が下落するリスクがあります。

また、日本の債券よりも高金利を享受できると人気の**外国債券**も、同じく償還時まで保有すれば償還時に元本が戻ってきます。ただし、そのとき、購入時に比べて円安だと為替差益を得る可能性があるものの、逆に円高だと為替差損が発生します。

償還前に途中売却した場合は、そのときの時価で転売することになります。債券の価格はモノの値段と同じで、買いたい人が多ければ上がり、少なければ下落します。日々変化しているため、売却時の債券価格が、購入時の金額を下回っていれば損失となり、上回っていれば利益となります。外国債券を日本円に交換する場合は、為替レートの影響も受けます（為替リスク）。

コストを考えると、それほど魅力的な金利でもないですし、当分は、わざわざ債券を持つ必要もないのではないかと思います。

それに、外国株式に加えて外国債券をもつのは為替リスクの取り過ぎが心配です。

今後、金利が上がることになれば、退職一時金で債券ファンドを買ってバランスをとってもいいですし、老後、取り崩しをするとき、株式を先に売っていけば、資産全体の中のリスク資産の比率は減っていきます。今、債券ファンドを持って分散投資をしなくていいのではないでしょうか。

結論は、いくらリスクを持てるかを金額で考えて、国内外の株式に投資をするコストの低いインデックスファンドを積立投資していく。老後、必要になれば少しずつ売っていく。このくらいシンプルでいいと思います。

また、さらにお勧めできないのは、ロボアドよりコストの高い、**銀行や証券会社の運用代行のサービス**です。

富裕層向けのサービスである**ラップ口座**は、銀行や証券会社など金融機関が顧客と「投資一任契約」を結ぶことで、顧客に代わり、さまざまな金融商品での運用を代行してくれるというものです。

ラップ口座の一つである**ファンドラップ**は、投資対象を「投資信託」に絞って、最低契約金額を数百万円に下げることで、契約額を伸ばしています。

これらは、顧客のリスク許容度などをヒアリングして、その人に適したポートフォリオを提案し、ポートフォリオ通りの運用をしてくれます。運用経過をチェックし、定期的にリバランスもしてくれるというサービスですが、問題はやはりコストです。投資信託で運用するため、販売手数料や信託報酬が差し引かれます。さらに口座管理手数料が別途かかります。二重にかかる手数料のせいでリターンは毀損されてしまうという、まったくお勧めできないサービスです。

成功報酬を差し引かれる契約もありますし、金融機関にとっては売りたいサービスなのでしょう。よさそうに聞こえても、きっぱり断られたほうがいいと思います。

流行りの**ＦＸ（外国為替証拠金取引）**、**仮想通貨（暗号資産）**についても一言付け加えておきます。

投資を始めましたと言われ、ＦＸや仮想通貨をあげられるとトホホという気持ちになります。これらは、基本的にはギャンブルと同じゼロサムゲーム、コストを加味すればマイナスサムです。投機であり、投資ではありません。レートが上がるか下げるかに賭けて、大きく儲ける人がいる一方、損をする人も大勢います。パイの取り合いです。企業の生産活動によって利益が増えていくプラスサムとはまったく違うものです。またＦＸは、レバレッジをかけて資金の何倍もの金額で取引ができますので、損失が大きく膨らむこともあります。

仮想通貨については、不正流出で、投資家が多大な被害をこうむった事件は記憶に新しいでしょう。現段階では、なんら実体のない仮想の通貨への投資ですので、こちらも投機と言わざるをえません。

抱き合わせ商法にも注意

「投資信託セット定期」というものがあります。投資信託を購入して同時に定期預金に預ければ、金利を上乗せしてくれるというもので、特別金利は、投資信託の種類によって変わる銀行が多いようです。販売手数料等が高い投資信託ほど、高い金利が適用されることになります。抱き合わせ商品は、投信、外貨定期預金などで、総額100万円以上で投資信託（または外貨定期預金）と定期預金を同時に申し込めば、**円定期の金利が年率3%**になるというものです。その場合、円定期は総額50%以下にしなければならないという決まりがあります。

3%という高金利に目がくらむのか、売れているといいます。しかし実際は、3%が適用されるのは預け入れから3ヶ月間だけだと、小さな文字で記されています。

つまり、100万円で投資信託を購入し、販売手数料率が3%（税別）だと、3万円です。同時に100万円の定期預金を預けると、3ヶ月間の特別金利は、

100万円×3%×3ヶ月÷12ヶ月＝7500円（税引き前）

そして、残りの9ヶ月は、通常の金利0・01%ですので、

100万円×0・01%×9ヶ月÷12ヶ月＝75円（税引き前）

ということです。

この仕組みを知らないのか、はたまた知っていてもお得だと思うのか……。

先日、ご相談に来られた方は、特別金利につられて、他の銀行に預けていたお金もすべてこのセットプランにしてしまったそうで、投資信託で保有する額が膨らんでいました。退職を前に、「意味がわからない（投信の内容が理解できていないという意味）投資信託を整理したい」ということでした。

実はこのセットプラン、銀行のキャンペーンにも利用されています。まさに、他の銀行からお金を移してもらうのが狙いです。ある銀行員は、「ほかからお金を引っ張ってくるのはキレイな仕事」と言います。何と比べてキレイなのか……**怖い言葉**ですね。

このセットプランは、投資信託を売るためのもの。くれぐれも抱き合わせ商法にはご注意を。

もう一つ、これは抱き合わせ商法ではありませんが、最近、一般事業会社が金融業に参入しているケースが多いので要注意です。たとえば、携帯電話会社が保険を販売するようなケースです。新しいスマホを買いに行って、保険を勧められたりすることがあります。また、カード会社から保険加入の案内が来たり、電話がかかってきたり。必要な保障ならばもちろん検討すればいいのですが、読者の皆さんは、保険からの卒業世代です。

勧められるものも、一般的な保障商品だけではなく、外貨建て保険ということもあります。個人情報を握られている状況で話を聞くというのは、敵の陣地の中での勝負になり、不利なケースが多いのです。話を聞かないで帰るのが一番です。

「顧客本位のセールス」の正体

これまで本書をお読みいただいた皆さんは、「うまい話はないのだ」とご理解いただけたと思います。でも、わかっていても、友達から誘われたりすると、もしかして、と思うようです。

先日も、離婚で５０００万円の慰謝料を受け取った50歳の女性（専業主婦）が、友達から紹介されたという投資話を持ってご相談に来られました。慰謝料の存在を知っている友人に、複数の投資話を持ちかけられていました。

結論からいえば、すべて検討にも値しないものだったので、「全部断りましょう。お金をなくすだけです」と答えました。みるみる顔色が変わった女性は、友人への不信感も相まって元気をなくしていましたが、相談の終盤、こうおっしゃるのです。

「代わりに、運用期間がなるべく短くて、安定して儲かる商品を教えていただけませんか」と。これから一人で30年、40年生きていくことを考えると、５０００万円だと不安なので、少しでも安定的にお金を増やしたいのですと。

「そういうものはありませんね」と答えながら、ああ、この手の儲け話がいくつも来るのは、この女性にも原因があるのだと思いました。

結局、「必ず儲かる」などとうたう商品は必ず詐欺ですからね、と念を押し、NISAを使っての運用と、今後のお金の使い方について相談をしたのですが、私は、ふと、ここでもし、「そうですね。この商品なら、大きくは儲かりませんが、そこそこは安定的にお金を増やすことはできますよ」といえばどうなるのだろうと思いました。

そのとき、これまでずっと引っかかっていた疑問が解けました。

それは、私から見れば、決して顧客本位とは言えない商品について、なぜ、セールスをした人たちは、あそこまで堂々と「顧客本位」を振りかざすことができるのだろうということについてです。

その中には、お客様にとって良い商品だと信じている人もいるでしょう。正しい知識を持てば、コストの高い商品（売れば儲かる商品）は売れなくなってしまいますので、会社の方針であえて教育されていないのだろうと私は考えています。保険セールスの方は、「我々は保険を売っているのではない。お客様を守っているのだ」と自社商品の優位性を盲目的に信じています。よいか悪いかは別にして、いわば「善意」で販売しています。

しかし、中には、もしかしたら、自分の売りたい金融商品を売るために、お客様を巧みに誘導している人もいるかもしれません。お客様の無謀な要望について、それは違うということをきちんと説明しつつ、落とし所を探りながら、自分の売りたいものを代替案として提示していることもあるのではと思ったのです。

顧客のほうは、間違いを正してくれた相手に対し信頼感を持ち、この人が勧めてくれるものなら、という心理になるでしょう。そしてセールス側は、いかにも「顧客本位」の営業をした気分になるのではないか。意図的か、意図的でないかはわかりませんが、もしかして、これが似非《エセ》「顧客本位のセールス」の正体？　と思った次第です。

私は金融商品を一切販売しません。その理由は、コミッションを得るようになると、自分の売りたいものが絶対に出てくると思うからです。大きく儲けるという立場を取らなくても、同じような商品が二つあった場合、より手数料の高いほうを勧めたくなったりすると思うのです。人はいくら頭でわかっていても、心に、自分本位の悪魔が現れるものだと思います。

でも、私が、「商品は絶対に売らない」というと、「商品を売って何が悪いのだ」「お客様のニーズに合った商品を売っているのだから問題はないのではないか」と、お叱りを受けます。

本当にそうでしょうか。自分の勧めたい商品を、お客様に「いい商品ね」と言ってもらえるような誘導はないでしょうか。この商品よりも、もっとコストが安く、効率的に資産形成ができる方法があるのに、あえて、それらの情報は知らせず、お客様の比較検討の機会を奪ってはいないでしょうか。「勧めたい商品」には、セールス側の事情があると思うのです。

そのような人ばかりではないことを信じていますし、お客様の中にも、「いくらリスクが高くてもいい、一発当てたいんだ！　一か八かに賭けるんだ！」と思っている人もいるでしょう。コストの高さをセールスパーソンの説明代、労力への報酬として喜んで支払ってくれる人もいるでしょう。いろいろなセールスの仕方、顧客の求め方があっていいと思います。そこはあえて否定しません。

ただ、読者の皆さんは、自分はどこまで手数料を支払うことをよしとするのか、よく考えてみてください。コストを支払って、アドバイスを受けたとしても思うような結果が得られないことも十分にあり得るのだと覚悟して、自己責任でしていただきたいと思います。繰り返しますが、今は、イデコやつみたてＮＩＳＡなど、非課税の口座を使って、「長期・分散・低コスト」で資産形成をしていくことができます。

金融機関の販売姿勢も、少しずつ変わってきているようなので、「顧客本位」の姿勢で、お客様の資産を長期的に増やしていけるセールスをしていただければと思います。

お金にも働いてもらう

投資は怖い、危険と思っている人は、「投機」と「投資」を混同しているようです。「投機」とは、何ら実体としての裏付けのない偶然性に賭けるものだということは述べました。結果に法則性はなく、運を天に任せるものです。一発儲けてやろうと挑むパチンコやカジノのギャンブル、宝くじなどです。また、値動きにかけて短期で売買を繰り返すもの、FX（外国為替証拠金取引）、仮想通貨、株の短期売買なども投機と本質は同じです。株の短期売買だって、短期では企業の価値はほとんど変わりませんので、値動きにかけているわけです。

一方、私たちがやっていきたいのは、将来有望な会社の株式を長期で保有することで、生産活動に自分の資金を参加させ、資産を増やしていくことです。複利の力でゆっくり資産を増やしていく長期投資です。

お金の相談を受けていると、多くの人が「老後に生活の質を大きく落としたくない」と言います。特に贅沢《ぜいたく》をしたいというわけではないけれど、カツカツの生活はつらいし、歳をとれば医療費や介護費用などもかかるだろうから、ある程度の余裕はほしいと考えています。

お金が人生の自由度を上げることは確かです。また、現実問題として、物価の上昇によるお金の価値の減少も考えておく必要があります。今後仮にインフレが年2％ずつ続くとすれば、**「72の法則」**で、物価は36年で倍になることがわかります。モノの値段が倍になれば、1000万円の実質の価値は、36年後には半分の500万円になってしまうのです。購買力（モノを買う力）を減らさないためにも資産運用でお金を増やしていきたいものです。

そこで、国内外の株式に長期で投資をすることです。たとえば、私たちの公的年金を運用する年金積立金管理運用独立行政法人（GPIF）の示す期待リターンで見ると、日本株式40％、海外株式60％で持つとすると、期待リターンは年約5％です。

国内外の株式に低コストで投資ができるインデックスファンドで、イデコやつみたてNISA、NISAを使って、誰でも投資をすることができます。

特に、「つみたてNISA」は、少額からの長期・積立・分散投資をするための非課税制度で、2018年1月からスタートしました。大きな特徴は、対象商品が金融庁の設けた基準に沿って厳選されている点です。販売手数料がかからず、保有期間にかかる手数料が一定以下の低水準であること、頻繁に分配金が支払われないこと、長期・積立・分散投資に適した公募株式投資信託と上場株式投資信託（ETF）に限定されていることです。そのため、投資初心者をはじめ幅広い年代の方にとって利用しやすい仕組みとなっています。

ある程度の預貯金が積み上がっている人なら、リスク商品として、世界中の株式に分散投資するインデックスファンドを1本だけ持つというのでもいいと思います。先に国内外の株式インデックスファンド4対6の割合で持つというのは為替リスクを考えてのことでしたが、十分預貯金がある人なら、世界中の株式に分散投資ができるファンドを1本持てばいいでしょう。つみたてNISAで買えるのは以下の4本です。92％が海外株式に投資をし、日本株式が8％含まれています。これらのファンドに組み入れられているのは、世界の経済を牽引《けんいん》している有名な企業ですので、それらをまとめて保有できるわけです。

・SBI・全世界株式インデックス・ファンド　（SBIアセットマネジメント）

- **全世界株式インデックス・ファンド（ステート・ストリート・グローバル・アドバイザーズ）**
- **eMAXIS Slim 全世界株式（オール・カントリー）（三菱UFJ国際投信）**
- **楽天・全世界株式インデックス・ファンド（楽天投信投資顧問）**

このうちから1本を選んで、毎月、積立投資をしていけばよいと思います。

つみたてNISAのラインアップは、先に述べたように金融庁が163本（2019年5月7日現在）を選んでくれていますので、大きく間違うことはありません。

資産形成にはいろいろな考え方がありますので、それぞれご自身の納得できる方法でしていただければと思いますが、インデックスファンドが資産形成に向いているのは、コストが低いからです。

投資信託は、世の中に6000本ほどあるそうですが、投資スタイルでいうと大きく二つに分けられます。インデックス（パッシブ）型とアクティブ型です。インデックス型は、株式指数などのインデックスに連動するように運用します。平均点でよいというわけです。

一方、アクティブファンドは、平均点以上の成績を狙います。そのため、ファンドマネジャーが手腕を発揮するというわけで情報収集なども必要になりますし、売買も多くなり、その分コストが高くなります。

90ページの金融庁の資料でも国内株式のアクティブファンドの過去10年間の年率リターンは、７割が日経２２５を下回り、リターンがマイナスのものが3割もあったことが示されています。コストの分、リターンが損なわれてしまうためですね。

アクティブファンドの中には、成績のいいものもありますが、悪いもののほうが多く、また、リターンのばらつきが大きいことが見て取れます。また、過去の成績がよいからといって、将来のパフォーマンスを予測する参考にはならないことが世界の多くの論文で指摘されています。未来の成績のいいアクティブファンドを選ぶことは難しいので、アクティブファンドは46ページでご紹介したようにサテライト部分で持つとよいと思います。資産運用のコアの部分は、コストの安いインデックスファンドで世界分散投資をしていきましょう。

投資は、経済活動に資金を投ずることです。自分の「老後のために」はもちろん世の中のためにもゆっくり長期投資を続けましょう。

いいアドバイザーを見つける質問

「老後資金１０００ドルがゲットできるチャンスがあるよ！　ルールは、４枚のポスターを読んでクイズに答えること！」

これは、アメリカの公共図書館などに貼られている Investor Protection Trust（IPT）のフライヤーです。IPTは、投資家教育を専門とする非営利団体で、個人投資家が必要とする投資家教育を中立公正な立場で提供しています。この資料は2017年に投資教育家の岡本和久さん（I-O ウェルス・アドバイザーズ株式会社® 代表取締役社長）が同社を訪問したときに持ち帰られたものです。

IPTは、金融機関等の利益相反などの不正行為や投資詐欺などの罰金（和解金）の一部を使って設立、運営されているということです。アメリカの個人投資家を保護し、教育することを目的に活動しているのですね。

その4枚のポスターのタイトルは、①『FINANCIAL ADVISERS（お金のアドバイザーってどんな人？）』、②『INVESTMENT FEES（投資の手数料について知ろう）』③『INVESTOR FRAUD（投資詐欺から身を守れ！）』④『BUILDING A NEST EGG（正しい投資をするためのゴールデンルール）』となっています（筆者の内容からの意訳です。以下同様）。

個人投資家は、この4枚のポスターを読んで、QRコードを読み込みクイズに答えます。すると、毎年、正解者1人の開設したIRA（Individual Retirement Account 個人退職口座）

に1000ドルが振り込まれるという仕組みです。

私がまず驚いたのは、4つの順番です。アドバイスに対しお金を払うという意識がない日本と違い、ファイナンシャルアドバイザーの重要性を一番に説いているのです。

『あなたの大切なお金でどんな商品を買うのかを決める前に、誰をアドバイザーとして選ぶかを決めることだよ。あなたの利益を一番に考えて、そして実行してくれるアドバイザーをね』と注意をうながしています。

ファイナンシャルアドバイザーとは、十分な訓練を受けていて経験豊富で、プロフェッショナルとして信用できて、手頃な相談料で、あなたが求める金融商品について十分な知識を持っている人です。

『そんなファイナンシャルアドバイザーを探し出すのは難しいかもしれないね。でも、ファイナンシャルアドバイザーを誰にするかはとても重要だよ』

いいファイナンシャルアドバイザーは、顧客の希望や考え方に沿って相談にのり、適切なアドバイスをしてくれる。シンプルで正しい方法を教えてくれる。間違っても、自分が売りたい商品を売ったりしない。そう示唆しています。

『あなたとアドバイザーは未来に向かって足並みを揃え歩いて行くんだ。それがとっても大切なんだよ。そのことを忘れないでほしい！』というメッセージが印象的です。

アメリカでは、ファイナンシャルアドバイザーに、フィデューシャリー・デューティー（以下ＦＤ）を遵守する義務を厳しく課していますので、生活者も安心して、自分の目的や意向に合ったアドバイザーを選ぶことができます。

人生１００年時代、豊かで幸せな人生を送るためには、なるべく長く働き続けること、公的年金を柱としながら、自助努力で資産形成を続けることが両輪で重要です。そのためには、一人ひとりが正しいマネーリテラシーを持つことが不可欠だということはお伝えした通りです。そして、それを適切にサポートするために、金融機関から独立した立場で、生活者の利益を第一に考えて、忠実な立場で助言を行うプロフェッショナルなアドバイザーが必要です。「生活者一人ひとりのマネーリテラシーの向上」と「信頼できるアドバイザーの育成」の両方の必要性を、今、改めて強く感じています。

でも、残念ながら、金融商品を売っていなくて、顧客本位で相談にのってくれるアドバイザーが誰なのか、どこにいるのかわからないということが大きな問題だと思っています。

そこで、アメリカのサイトを参考に、アドバイザーを見つけるための三つの質問を考えてみました。

相談をしようとするＦＰやＩＦＡが見つかったら、ぜひ相談前に、

1．あなたはＦＤ宣言をして届出をしていますか。
2．過去に法令違反や犯罪で訴えられたことはないですか。
3．あなたの収入源の構成比を教えてください。

と質問をして、文書で回答してもらってください。ＦＤ宣言も文書で必ずもらってください。特に3番目は、そのアドバイザーがどんな仕事をしているかが一目瞭然です。

ご参考までに、アメリカのサイトのアドバイザーを決める際に聞くべき質問10項目というのを、投資教育家の岡本和久さんが、自ら発行されている「長期投資仲間通信『インベストライフ』」の中で書かれているのでご紹介します。岡本さんが日本向けに修正されたものです。

あなたの持っているプロフェッショナルな資格を教えてください。
あなたはＦＤ宣言をして届出を出していますか？

3. 過去に法令違反や犯罪で訴えられたことがありますか？
4. できるサービスは何ですか？（専門分野）
5. どのような顧客を専門的に対象としていますか？
6. アドバイスを与える上で最低の資産額を決めていますか？
7. あなたの収入源の構成比を教えてください。
8. 私（消費者）が支払うアドバイス料以外に支払う経費はどのようなものがありますか？
9. あなたの投資哲学を教えてください。
10. あなたは顧客にどのくらいの頻度でコミュニケーションしていますか？

かなり突っ込んだ質問をしています。岡本さんは、「さらに数社当たって比較しなさいともいっています。消費者もこれくらいの手間暇をかけなければいけないということですね。抵抗も強いとは思いますが、このようなルールができてしまうというのはいいと思いますね」とおっしゃっています。

解決篇

こうすれば
問題は解決する

第5章

50歳からの
資産防衛

どんな準備が必要？

50歳代といえば、リタイアメント後の生活について、人ごとではなく、いよいよ切実になってくる頃です。50歳を目安にまずしたいことは、①今までに積み上げてきた「現在資産額」と住宅ローンなどの**「負債額」**をチェックして純資産額の確認です。

共働き夫婦でお財布が別々で互いに相手のお金の状況がわからないブラックボックス家計でも、夫が妻へ生活費相当の給料を渡している、またはその逆で、妻が夫の給料を握って夫に小遣いを渡しているというオールドスタイルのブラックボックス家計でも、ぜひご夫婦一緒に確認してください。家計をガラス張りにすることが必要です。

まず、「現在資産額」から「負債額」を差し引いた金額が、今のあなたの家計の純資産ということになります。

確認できたら、②リタイアメントまでに負債額を減らすために対策を講じます。

老後生活を無理なく過ごすために、なるべく負債を減らさなければなりません。まずは、大きな固定費、たとえば保険や通信費を見直します。

そして、③リタイアメント後の収入を確認し、不足があればお金を増やしていくためのに

資産防衛のためにやるべきこと

①「現在資産額」―「負債額」＝純資産額　を確認する
②リタイアメント後の収入の確認。ねんきん定期便で公的年金を確認。企業年金は会社に確認。老後の生活レベルをイメージする
③今後、毎月いくら貯蓄ができるか、現状で考えた金額をだす。現在資産のリストを作っておく（金融機関名、口座番号、暗証番号、金額、保有商品名、購入時期、金額など）
④負債のリストを作る。特に住宅ローンや教育ローンなど金額の大きいものは残高と返済期間を確認 **資産があり、負債がゼロ、少ししかない人** → そのまま貯蓄を続けてさらに資産を積み増す **資産と負債が同じくらいの人** →なるべく負債を減らしていく **資産も負債もない人** →資産を増やしていく **資産がほぼゼロ、負債が多い人** →負債をなるべく減らす　夫婦でなるべく長く働く
⑤負債を減らすために固定費を見直す。無駄な支出を減らす
⑥「老後設計の基本公式」で老後生活費を算出する。過不足を確認
⑦いくらリスク商品を持てるかを考えて運用をスタートする。どのくらいリスクを覚悟しなければならないか考える

どうするかを考えます。

これらが基本の三つです。つまりは、できる限り「純資産」を増やしていきましょうということです。

お金の問題は、一朝一夕で解決できないため、これらをなるべく早く始めることが大切です。でも、何歳でも遅すぎるということはありませんので、思い立ったら吉日です。ぜひすぐに実行に移しましょう。

人生長く生きていればいろいろあります。人生の問題において、お金のことは大きな比重を占めると思います。もちろん、お金のこと以外にも憂鬱《ゆううつ》のタネはありますが、せめて解決策のあるお金の問題は、人生の困りごとリストから取り除いておきたいものです。

では、早速、現状の把握をしてみましょう。

老後が不安と思っている皆さん、現在、貯蓄額はいくらあり、今、どのくらい貯蓄に回せていますか?

現状の「毎月の貯蓄額×12ヶ月」が一年間の貯蓄額ですが、これにリタイアメントまでの期間を乗じると、ざっくりと今後増やすことができる貯蓄額がわかります。これまでに積み上げてきた「現在資産額」にプラスして、「リタイアメント時の現在資産額」を予想してみてください。大きな支出がないなら、この金額が老後に取り崩していける金額です。

ついでにこのタイミングで、銀行、証券口座ごとに資産を書き出してまとめておきましょう。投資信託などは時価でいくらになっているのか把握します。まだまだ終活は先のことですが、資産の在処《ありか》を家族にわかりやすくしておくことも大切です。

次に、負債の状況を把握しましょう。どのような負債がいくらあるのか、返済計画はどうなっているのかを確認します。

住宅ローンを抱えている人は多いと思いますが、完済まであと何年あり、リタイアメント時の残高がいくらなのかを把握しましょう。住宅ローンをどうするかについては51ページで述べましたが、リタイアメント時に退職一時金で返済をしようと考えている人は、その後の老後生活費に影響がないかを確認する必要があります。

現在の資産と負債が明らかになったら、自分の問題やリタイアまでにやるべきことが見えてくるでしょう。

十分な資産の積み上げがあって負債がない、あるいは非常に少ない人は問題ありません。

そのまま貯蓄を続け、さらに資産を積み増してください。

資産と負債が同じくらいという人は、負債を減らしていく必要があります。

資産が乏しいが負債はほとんどない人は、資産を増やしていくことに注力しましょう。

今後大きな資産を築くのは難しいでしょうが、それなりに手の打ちようはあります。

もっとも問題なのは、資産がなくて負債がたっぷりある人です。負債を減らすことを最優先にして、なるべく長く働くことを覚悟します。また配偶者にも同じように働いてもらわなくてはなりません。

いずれにしても、50歳なら、まだ致命的に手遅れであるというわけではありません。年齢が進むほどに時間は減りますが、手の打ちようはあります。


では、実行の仕方を具体的に詳しくご説明します。すべての人に共通です。まずは、無駄な支出を削除します。「日々節約」もいいのですが、費やす労力ほどに効果は期待できません。ストレスもかかります。効果が大きいのは、大きな固定費を削ることです。特に削減効果を期待できるのは、生命保険の見直しでしょう。子供の独立が見えてくれば、多額の死亡保障は必要ありません。万が一のときに経済的に困る遺族がいる場合は別ですが、多くの人は「保険からの卒業」を考えるべきです。健康保険、国民年金、厚生年金保険等の公的保障は、通常の人が持つイメージよりもかなり充実しています。リタイアメントプランを考えるときは、社会保障制度の内容を理解し、無駄な保険料を削減するために、「保険からの卒業」が一つのポイントになります。

もしものときを心配しすぎるよりも、何にでも自由に使える貯蓄を増やしていくことのほうが大切だからです。現在、保険料を支払い続けている人は、保障額を減額する、払い済み保険にする（保険料の払い込みを中止して、その時点での解約返戻金をもとに、保険期間をそのままにした保障額の少ない同じ種類の保険に変更する方法。付加している各種特約は消滅する）、解約するなど適切な方法を取りましょう。

また、最近よく見られるのが、通信費が大きい人です。端末代の高騰も影響していますが、料金プラン等を見直して削減しましょう。

老後は、多くの人が公的年金を柱に、それまで積み立てた貯蓄を取り崩して生活費としています。自分の老後生活費がいくらくらいになるのか、具体的な金額は簡単に求められます。この後、説明しますので、一緒に算出してみましょう。老後生活費の目安を知ることは大切です。想像よりも厳しいと思うかもしれませんが、まったく見当がつかないという状態は危険です。23ページのAさんのように、不安から何かしなくてはという気持ちになってしまうからです。

このままでは老後の生活が厳しいと思えば、少しでも増やしていく必要があります。まず貯蓄。これまで運用をしたことがない人は、50歳からスタートするのはもう遅いと考えるようですが、そんなことはありません。30歳の人と比べて、運用期間は短くなりますので、大きな資産を築くことは難しいかもしれません。でも何もしないよりはずっといいので、ぜひ積立投資も始めてみましょう。方法は、161ページで詳しく述べますが、若い世代とまったく同じです。つみたてNISAやNISA、可能ならば個人型確定拠出年金（イデコ）を使います。収入の中からどのくらい投資に回せるのか、言い換えればどのくらいリスクを覚悟しなければならないのか、一人ひとり自分の「リスクが許容できる金額」を計算して、その最大限を投資に回します。

借金はとにかく早く返してしまおう

リタイアメントまでにできるだけ負債額を減らすように頑張りましょう。住宅ローン以外の借金は、1日も早く返済することが大切です。特に先に述べたクレジットカードのリボ払いなんていうものは一刻も早くやめて、完済してしまいましょう。

無理な借り入れをして住宅ローンを組んでしまったら、結局、老後の生活を圧迫することになります。身をもって体験されている方は、ぜひ、これから住宅を買うことを考える子供さんに、借りすぎ禁物とお伝えください。多額な借り入れをすれば、途中で返済ができなくなってしまうことだってありますので、基本的な知識を持って計画的に借り入れをすることが大切です。

リタイアまでに返済できない住宅ローンをどうするか、繰り上げ返済をすれば支払う利息が少なくなるということはお伝えしましたが、もう少し詳しく見ていきましょう。やはり老後資産の防衛でもっとも重要になるのは「借金」だからです。しないことも大切ですが、借金とはどういうことなのか、その本質を理解しておくことは大切です。

というのも、先日のこと、「団信（団体信用生命保険。住宅ローンの債務者が死亡、または高度障害状態になったときに住宅ローンを返済するための生命保険。住宅ローンを組むとき、ほとんどの金融機関で加入を義務付けられている）に入っているんだから、別に繰り上げ返済をしなくてもいいよね」という人がいて驚いたからです。つまりは、夫が亡くなれば（！）借金はチャラになるのだから、無理して借金を返す必要もないよねということだと思うのですが、本当にそうでしょうか。次のページの表をご覧ください。35歳男性が全期間固定金利1・5％で3000万円を借り入れた場合です。

返済期間によってこんなに利息は違う

35歳男性が全期間固定金利1.5%で3000万円借り入れた場合

返済期間	35年	30年	28年	25年
毎月の返済額	91,855円	103,536円	109,399円	119,980円
年間返済額	1,102,260円	1,242,432円	1,312,788円	1,439,760円
総返済額	38,579,100円	37,272,960円	36,758,064円	35,994,000円
利息総額	8,579,100円	7,272,960円	6,758,064円	5,994,000円
60歳時の残高	10,229,783円	5,981,171円	3,848,681円	0円

10年短縮で▲2,585,100円

借り入れ期間によって、支払利息の総額に大きな差が生じているのがわかります。

返済期間を10年短縮することで、約259万円もの利息を支払わなくてもいいのです。住宅ローンは仕方がないとしても、なるべく借金はしないほうがいいし、借入期間は極力短く、です。利息が高ければ高いほど、恐ろしいことになります。雪だるま式に借金が増える複利については すでにお話しした通りです。

借金とは、欲しいもののために未来のお金を前倒しで使うことです。あとで返済しなければならないので、結果、自分の手取り収入を減らすことになります。

借金が多ければ、自由に使えるお金が減ってしまい、貯蓄もできなくなり、また借金を重ねるという負のループに陥ってしまいます。ネットの広告や電車の広告で、時折、**「おまとめローン」**というものを見かけます。複数のカードローンを借り変えて一つにまとめるという方法のようです。当然ながら金融機関が善意で貸してくれるものではないので、借り入れ金利は安くはありません。このように、借金で首が回らないというような状態にはならないようにしたいものです。

リタイアをして無職になると、お金を借りるのも難しくなります。現在、国民の3割が公的年金を受給し、高齢者世帯の収入の7割が公的年金で賄われています。そのような状況で、公的年金を担保にして、年金担保貸付制度でお金を借り入れる人もいます（この制度は令和4年3月末〈予定〉で申込受付が終了します）。

また、金融機関からの借り入れを精算するために、生命保険に加入し、質権設定をするようなことが行われたり（自分の命を抵当に入れているということです）、法律で定められている以上の金利を要求されるヤミ金業者からさらなる借金をしたりと、トラブルは少なくありません。そうならないようにしっかりお金を蓄えておくことが必要です。そして、もし生活に困窮したら、まずは地域の自立相談支援機関に相談することです。

老後資金はいくら必要か

老後不安におびえる前に、まず、現時点で、老後はいくらで生活することができるのかを具体的な数字で知ることが大切です。紙とペンと電卓があれば、**「老後設計の基本公式」**で、誰でも簡単に求められますのでご紹介しましょう。

「老後設計の基本公式」とは、老後期間全体を通じて平均的にいくら取り崩すことができるのか、年金と合わせた生活費の目安を知ることで、老後の生活をイメージするというシンプルなものです。簡単な計算式ですので、皆さんもぜひ一緒にやってみてください。

では、式に入れる数字についてご説明します。まず、分子の「保有資産額（A）」は、現在の見込みの資産額を入れます。預貯金の他、退職一時金の見込み額や満期保険金、投資信託などの金融商品、売却可能な不動産は時価で加算できます。

23ページで、FPに老後生活費が不足していると外貨建て保険を勧められたAさんの例とともに、具体的に見ていきましょう。Aさんは、現在、預貯金2000万円と終身保険の200万円がありますので、「保有資産額（A）」は、その合計の「2200万円」と入

「老後設計の基本公式」

$$\text{取崩可能額(d)} = \frac{\text{保有資産額(A)} - \text{年金額(p)} \times \text{未年金年数(a)} + \text{働く収入(w)} \times \text{働く年数(b)} - \text{最終資産額(H)}}{\text{想定余命年数(n)}}$$

$$\text{年間支出(y)} = \text{年金額(p)} + \text{取崩可能額(d)}$$

$$\text{月間支出(yM)} = \text{年間支出(y)} \div 12$$

Aさんの「老後設計の基本公式」

$$\underset{(d)}{88.6} = \frac{\underset{(A)}{2200} - \underset{(p)}{80} \times \underset{(a)}{5} + \underset{(w)}{300} \times \underset{(b)}{5} - \underset{(H)}{200}}{\underset{(n)}{35}}$$

$$\underset{(y)}{168.6} = \underset{(p)}{80} + \underset{(d)}{88.6}$$

$$\underset{(yM)}{14.1} = \underset{(y)}{168.2} \div 12$$

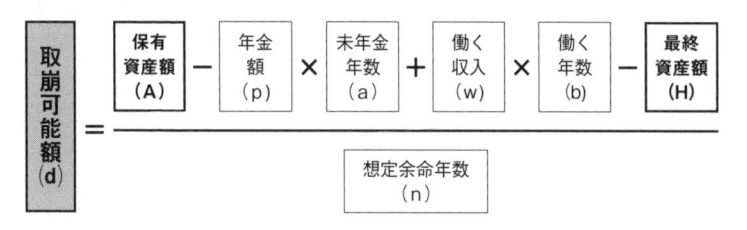

れます。

「年金額（p）」は、自分が受け取れる年金額を入れます。50歳以上の方は、「ねんきん定期便」で知ることができます。今後60歳まで現在の就業状態が継続されるという前提で、受給見込み額が記されています。

50歳未満の方で、もらえる年金額がわからないという人は、次の式で、おおよその受給額を計算してください。

厚生年金は、税金など控除前の年収800万円未満の場合、「ねんきん定期便の金額＋60歳になるまでの年数×平均年収×0・0055」で求められます。基礎年金は、保険料を納める期間が1年増えるごとに約2万円増え、満額は78万100円（H31年度・保険料納付済期間が480月（40年間））です。

退職後は、年金をもらうまで無収入の期間があれば、貯蓄を取り崩して生活することになりますので、自分がもらえる「年金額（p）」×無収入の期間である「未年金年数（a）」を差し引きます。もしこの期間、継続雇用制度で働き続ける、自営業者として仕事を続け収入がある、パートで収入があるなどなら、「働く収入（w）」×「働く年数（b）」を足します。

Aさんは、年金額80万円を65歳から受給できますが、60歳から5年間は年金を受給できませんので、その分を貯蓄から取り崩すと考えて、「（p）80万円×（a）5年間＝400万円」とします。しかし、65歳までは仕事を続けることにしていますので、現在の収入より下がり、「w（働く収入）＝300万円」×「b（働く年数）＝5年間」で、1500万円を足します。実際には、60歳以降、会社員として仕事を続ければ年金額は増えますが、これについてはここでは考慮していません。いくらくらい年金が増えるのかは、第6章で解説しています。

「最終資産額（H）」には、最終的に残したいお金を入れます。たとえば、お葬式代や施設への入居費、遺産の金額などです。

Aさんは、シングルですので最終的には施設に入る可能性もありますが、そのときは自宅を売却して当てることにして、とりあえず「最終資産額（H）」は、終身保険の「200万円」としました。

このようにして、分子を計算すると「3100万円」です。

なお、資産を使い切ることを前提に考えている人が多いのですが、施設に入居しなくてはならない可能性も考えておきましょう。持ち家をどうするのかも考えておく必要もあります。

分母のnは取り崩しの期間（「想定余命年数」）です。一般的には定年する年（60歳）から寿命までを考えます。自分はあまり長生きしないからという人がいますが、お金が足りなくなると困るので95歳くらいまでは想定しておきましょう。

ちなみに、2017年現在でも男性の4人に一人は90歳まで、女性の4人に一人は95歳まで生きるとされています。

Aさんは、60歳以降95歳まで生きるとしてn＝35年とします。式を計算すると、「取り崩し可能額（d）」は3100万円÷35年間＝約88・6万円となります。

下の式のdに代入し、年金額pを入れて合算すると、年間に支出できるお金は（y）＝168・6万円となります。右の式に入れて12ヶ月で割ると、毎月の生活費は約14万1000円とわかります。少々心許ないと思えば、これはあくまで53歳時点での試算ですので、これから7年間で貯蓄額を増やしていけばよいのです。

ご参考までに、総務省の家計調査（平成29年平均速報結果）によりますと、高齢単身無職世帯の実収入は11万4027円で、消費支出は14万2198円です。リタイアすれば、現役時代から大きく支出が減ると考えている人がいますが、身についた消費行動はそう変わるものではありません。住宅ローンや教育費負担が終わればその分の支出は減らすことはできますが、自由な時間が増える分、趣味や旅行などに費やすお金は増えてきます。医療費や健康維持増進にお金をかける人も多いでしょう。平均値を見るよりもご自分の現役時代の生活費からどのくらい下げられるのを具体的な数字で考えましょう。

Aさんの場合は、現在の生活費が約33万円くらいだそうです。住宅ローンは60歳で完済する予定ですので、そうすれば老後生活比率は現役時代の45％くらいに抑えられて毎月の生活費は14・9万円くらいという試算をしています。とすれば毎月8000円の不足ということです。35年間で336万円です。ただし総務省の家計調査でも、年齢が上がるにつれて支出が減っていることが示されています。不足額がずっと続くわけではありませんので、必要以上に心配することはありません。人はなければないで、生活するものですから。ちなみに現在、Aさんは毎月少なくとも10万円は貯蓄しているということですので、7年間で700万円の貯蓄が可能となります。

Aさんは、FPに、「老後資金が1250万円足りない」と言われ、1250万円の「一時払い米ドル建て変額保険」を勧められ、覚悟を持って買うべきかどうか悩んでいましたが、外貨建て保険など買う必要がないことがわかります。むしろ大切なのはお金を大きく減らさないことです。どうか、**「老後不安商法」**に騙されないようにしてください。今後インフレになってお金の価値が目減りすることもあると想定して、お金にも働いてもらう必要はありますが、投資で儲かることをあてにした計画は立てないことです。

そして、騙されないことです（このFPのトークは詐欺に近いです）。「元本保証でリターンが大きい」という話が出たら、そんな素晴らしい商品は絶対にないので買わないことです。

「どういう場合に元本が減りますか」「リターンがマイナスになるのはどういうときですか」と具体的に聞いてください。また、仕組みが複雑で理解できない商品は買わないことです。そういう商品は大抵手数料も高く、手数料が高いためにリターンもその分損なわれてしまう、つまり、手数料に見合ったリターンを得ることはできないので、買うのはやめましょう。実質的な手数料がどのくらいかかるか必ず確認してください。

リタイアまでに時間がある人はぜひ、正しい「お金の人生設計」をしましょう。50代だからもう遅いということはありません。50代は「最後の貯め時」なのですから、老後を見据えて資産の積み上げにラストスパートをかけましょう。

①お金の人生設計（人生の中でどう貯蓄をしていくか）を考えよう

では、100年人生を少しでも豊かに過ごすために、50歳からの「お金の人生設計」を具体的に実行していきましょう。もちろんもっと若い世代の方も同じですのでご参考にしてください。5つのステップで進めます。

まず、最初のステップは、①「人生設計の基本公式」を使って「必要貯蓄率」を求め、月々どのくらい貯蓄をしなければならないかを明確にします。

先ほどご紹介した「老後設計の基本公式」は、「現在資産額」を老後にいくらずつ按分《あんぶん》できるのかを算出しました。いわば、リタイア後の生活費がどうなるのかという設計書のようなイメージです。一方、「人生設計の基本公式」は、老後生活費を想定して、それを実現するために、これからいくら貯めなければいけないか（50歳代にとっては最後の追い込み期間の）、「必要貯蓄率」を出すものです。

「お金の人生設計」を始める5ステップ

1. 「人生設計の基本公式」を使って、「必要貯蓄率」を求める。月々どのくらい貯蓄をしなければならないかを明確にする
2. 自分のリスク許容度を考える。許容範囲リスクをとる
3. お金の置き場所を作る
4. 資産全体で資産配分（アセットアロケーション）を決める
5. 商品を選択する

商品選択は一番最後!

お金はただの交換手段。シンプルに扱うこと

資産運用とは、将来必要になるお金を、いちばん適した方法で増やして行くこと。自分の金融資産全体を長期にわたって安定的に増やすこと

まずは、「お金の人生設計」の一つ目のステップになる「人生設計の基本公式」をご紹介しましょう。

手計算でももちろんできますが、面倒だという方は、私のHPに計算ツールがありますのでご利用ください（次ページのQRコード）。

「平均手取り年収（Y）」は、現在の手取り年収（税金・社会保険料控除後）ではなく、現役時代を通じて、今後受け取れるおおよその手取り年収の平均を入れます。業種によって違いはありますが、43～45歳くらいの年収が生涯年収の平均になるよう

人生設計の基本公式

老後の生活費を具体的に考えることで、
いま貯めなければならない「必要貯蓄率」がわかる。

今後の現役時代の平均の手取り年収(Y)を入れる

余裕を持って95歳ぐらいまでとしておきたい

$$\text{必要貯蓄率(S)} = \frac{\text{老後生活費率(x)} \times \text{平均手取り年収(Y)} - \text{年金額(p)} - \dfrac{\text{現在資産額(A)}}{\text{老後年数(b)}}}{\left(\dfrac{\text{現役年数(a)}}{\text{老後年数(b)}} + \text{老後生活費率(x)}\right) \times \text{平均手取り年収(Y)}}$$

【参考】
ねんきん定期便の金額＋60歳になるまでの年数×年収×約0.0055
基礎年金は１年保険料を納めると2万円増える。
満額で780,100円

「岩城みずほ」と検索していただければHPに計算サイトがあります。
https://www.officebenefit.com

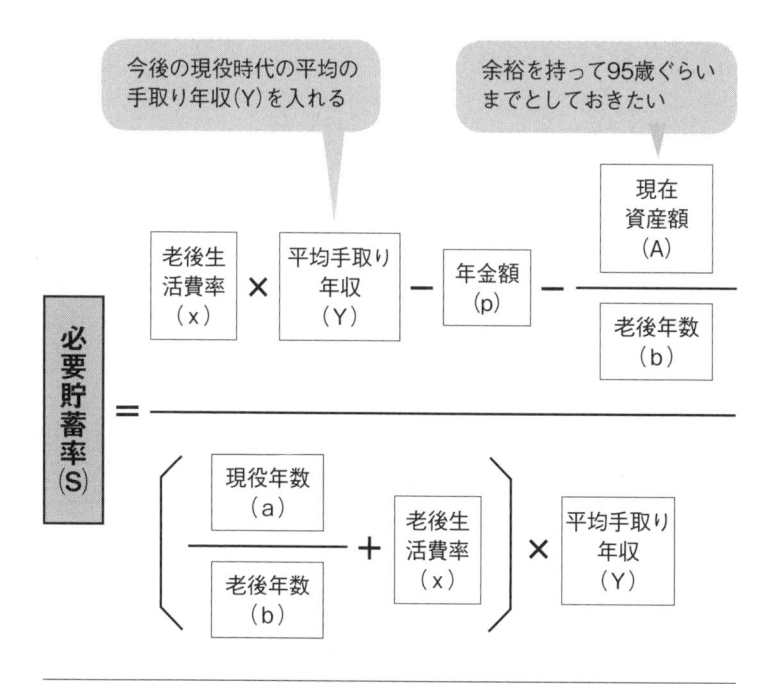

です。50歳代の方は、今、年収のピークを迎えているかもしれません。役職定年を導入している企業も多いので、55歳で2〜3割程度給料が減るという人も珍しくはないでしょう。さらに定年退職後、再雇用制度で働いたとしても収入は大きく下がる会社が多いようです。「平均手取り年収（Y）」には、再雇用制度で働いた場合も含めて今後の平均を出します。

Bさん（50歳・会社員）は、現在の年収は約800万円（手取り年収は約630万円）ですが、55歳の役職定年で75％に下がり、60歳以降の再雇用では50％になります。今後の「平均手取り年収（Y）」は約470万円とします。

自営業や、フリーランスで仕事をしている方で、将来の収入が不安定だと感じている場合は、やや低めの数字を想定しておきましょう。

「老後生活比率（x）」は、現役時代に比べて、老後どのくらいの水準で生活するかを想定して、倍率の数字で入れます。

総務省の家計調査を参考にすると、2人以上の世帯のうち勤労者世帯の家計収支（調査対象の世帯主の平均年齢年齢49・1歳、無職世帯人数は3・35人）と比べると、リタイア後の高齢夫婦無職世帯（夫65歳以上、妻60歳以上の夫婦のみの無職世帯）の支出は75％くらいとなっています（2017年より）。しかし、この家計調査では住居費がともに支出の6％弱で2

Bさん（50歳・会社員）の人生設計の基本公式　（万円）

$$\underset{(S)}{4.5\%} = \frac{\underset{(x)}{0.63} \times \underset{(Y)}{470} - \underset{(p)}{245} - \dfrac{\underset{(A)}{1000}}{\underset{(b)}{35}}}{\left(\dfrac{\underset{(a)}{15}}{\underset{(b)}{35}} + \underset{(x)}{0.63}\right) \times \underset{(Y)}{470}}$$

必要貯蓄率×平均手取り年収÷12ヶ月＝毎月の必要貯蓄額
4.5% × 600万円 ÷ 12ヶ月 ＝ 約2万3,000円

老後の生活費は毎月（ 約250,000 円）

万円以内に収まっていますので、持ち家が前提になっています。住宅ローンが終わり、子供も独立したとすれば、もっと支出を減らせるかもしれません。夫婦共働きで、「平均手取り年収（Y）」が高い人は、ぐっと下げられる場合も多いのです。人それぞれですので、ぜひ、実際にご自身の家計で計算をしてみてください。

一方、ずっと賃貸のつもりだという人は、住居をサイズダウンして家賃を抑えるなどしない限り、現役時代と支出は大きく

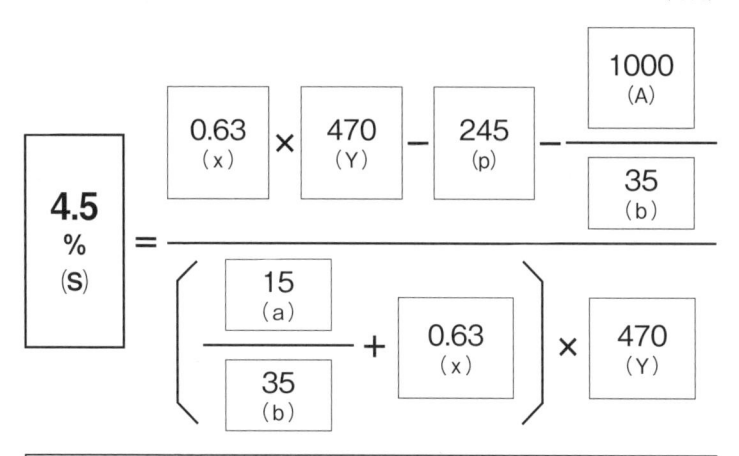

は変わらないかもしれません。楽観せずに、老後は「どのくらいの生活費で暮らしていいかなければならないのか」という視点も持ちながらご自身の「老後生活費率」を出してみてください。

Ｂさんは、子供も独立しているし、住宅ローンも60歳で完済の目処《めど》がついているため、現在の月額の生活費約50万円の半分の25万円くらいになると考えています。年間で３００万円です。先の「手取り年収（Ｙ）」は４７０万円ですので、「老後生活比率（ｘ）」は63％と入れます。

「年金額（ｐ）」は、終身で受け取れる公的年金額を入れます。企業年金や国民年金基金など終身で受け取ることができるなら加算してください。「75歳まで」という有期年金の場合は、「現在資産額（Ａ）」に加算しますので、「年金額（ｐ）」には加えません。

50歳以上の人は、今後働き方が変わらないという前提で「ねんきん定期便」に見込みの受給額が記されています。代行部分など詳しく知りたい場合は、日本年金機構の「ねんきんネット」を見てください（ユーザーＩＤを発行してもらう必要があります）。

また、一般的な収入の会社員（老齢厚生年金）の場合は、「ねんきん定期便」に記載されている見込み金額に、「60歳になるまでの年数×年収×約０・００５５」で求めた金額を足せば、おおよその金額が求められます。

自営業、フリーランスの方は、老齢基礎年金額を入れます。20歳から60歳になるまでの40年間の全期間保険料を納めた人は、65歳から満額の約78万円が受給できます。

簡易的に計算する方法は、保険料を1年支払うと約2万円増えるとして、今の「ねんきん定期便」の見込み額にプラスします。45歳で、60歳まであと15年間働き続ける場合は、15年×2万円＝30万円となり、現時点の「ねんきん定期便」の見込み金額より30万円増えると考えます。

Bさんは、専業主婦の妻の分と合わせて「年金額（p）」は「245万円」を入れました。なお、「人生設計の基本公式」は、「今後の手取り年収」「年金額」を使って求めています。「今後の手取り年収」をベースに考えておけば、老後生活費もイメージしやすいですし、老後生活費の基本的な部分を公的年金で終身賄うことができることを根拠に考えています。

ですから、公的年金の受給額が大きい人は、必要貯蓄率がそれほど高くなりません。もっとも最強は、基礎年金と厚生年金の2階建で受給できる夫婦共働き世帯で、かつ、定年退職後も継続雇用制度で働き続けるケースです。

一方で、自営業者などの第一号被保険者は、公的年金額は、夫婦でも満額でも月額13万円程度ですので、自助努力がより必要になるということです。

「現在資産額（A）」は、定年までに貯めた預貯金やその他、投資信託や株式など資産の合計額を入れます。退職一時金や、確定拠出年金、有期の企業年金もここに足して構いません。

Bさんは、「現在資産額（A）」は「1000万円」を入れます。

「現役年数（a）」は、これから何歳まで働くのかという年数を入れます。52歳の人が65歳まで働くつもりなら「13年」となります。

Bさんは、60歳定年後再雇用で5年間働く予定ですので65歳までの15年間で「a＝15」です。

「老後年数（b）」は、リタイアメント後、人生を終えるまでの年数です。平均寿命は、2017年で男性81・9歳、女性87・26歳です（厚生労働省「2017年簡易生命表より」）。これはあくまで平均です。国立社会保障・人口問題研究所によりますと、2050年に4人一人が生き残っている年齢は、男性93歳、女性98歳とされています。2050年、あなたは何歳ですか？　少なくとも95歳まで、20代30代なら100歳くらいまで生きる可能性を想定しておいたほうがよさそうです。「私はそんなに長生きしません」とか、「75歳になったらスイスで安楽死をします」なんてことをおっしゃる方がいますが、長めに考えておきましょう。65歳でリタイアメントした場合は、95歳まで生きるとして30年、100歳までだと35年ということになります。お金が余る分については誰かの迷惑になることはないのですから余裕を持って計算しましょう。

Bさんは、65歳以降95歳までを考えると30年ですが、3歳年下の妻のことを考えて「b＝35年」としました。

これですべての数字を入力できました。皆さんの結果はいかがでしたか？　今後、この「必要貯蓄率」を守っていれば、自分のイメージする老後の生活レベルが維持できます。

Bさんは、「必要貯蓄率（S）」が4・5％になりました。この必要貯蓄率を守れば老後生活費は月額約23万6000円が65歳以降35年間確保できます。Bさんは、一時退職金を計算に入れていませんので、実際に受け取ったら、正確な「現在貯蓄額」を、先の「老後設計の基本公式」に入れて計算し直すといいでしょう。老後生活費は少し増えると思います。

「人生設計の基本公式」で計算した「必要貯蓄率」を「現在の手取り年収」に掛けて、12ヶ月で割れば、毎月貯蓄しなければならない「必要貯蓄額」が出ます。

Bさんは、現在の手取り年収は約630万円ですので、「必要貯蓄率（S）」の「4・5％」

を掛けると年間の必要貯蓄額は約28万円となり、毎月2万3000円の貯蓄をしていけばいいことがわかります。「え？　それだけでいいの？」と思うかもしれませんが、これが一生もらえる公的年金の心強いところなのです。会社員のBさんは、収入の柱として基礎年金と厚生年金の2階建てで、夫婦合算して約20万4000円を受け取ることができる見込みです（2019年度）。2019年度の会社員の夫と専業主婦の妻のモデル世帯（※1）の年金月額が22万1504円ですので、平均的な年金額と言えるでしょう。ちなみに、実際の年金受給者の平均年金月額は、「厚生年金保険・国民年金事業年報（平成28年度）」によりますと、老齢厚生年金の平均年金月額は14万7927円と少なめです。

そして、もう一つ、60歳以降も働き続けることが大切です。60歳で仕事を辞めてしまうと、65歳の年金受給開始まで貯蓄を取り崩すことになります。仮に年金分の20万4000円を取り崩すとすれば、5年間で1224万円です。Bさんはたちまち老後破産してしまいます。

老後不安は、しっかり公的年金保険料を納め、定年後も少なくとも5年間働き続けることで解消されます。

Bさんは、現役時代、2万3000円以上の貯蓄ができるでしょうから、60歳以降、年収が減って貯蓄ができなくなっても、それまでに大きな出費がなければ老後の生活設計を

あなたの必要貯蓄率を計算しましょう　（万円）

$$\boxed{\quad\%\ (S)\quad} = \frac{\boxed{(x)} \times \boxed{(Y)} - \boxed{(p)} - \dfrac{\boxed{(A)}}{\boxed{(b)}}}{\left(\dfrac{\boxed{(a)}}{\boxed{(b)}} + \boxed{(x)}\right) \times \boxed{(Y)}}$$

必要貯蓄率×現在の手取り年収÷12ヶ月＝毎月の必要貯蓄額

（　　　　%）×（　　　　円）÷12ヶ月＝（　　　　　　　　円）

老後の生活費は毎月（　　　　　　　　円）

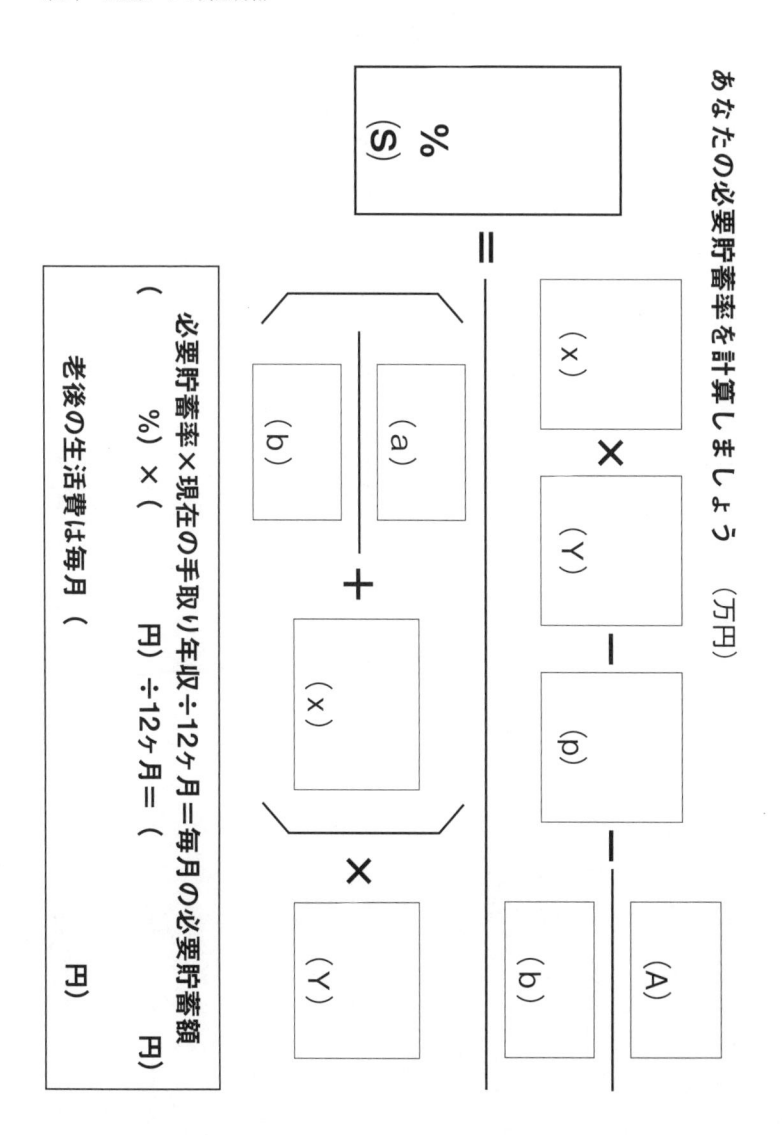

変更する必要が生じるということはないでしょう。繰り返しますが、50代は最後の貯め時ですから、しっかり貯蓄していきましょう。

ともかく、お金の問題を考える最初のステップは、今、自分がいくら貯めなければならないのかを知ることなのです。

※1 老齢基礎年金は40年間加入し保険料を満額納めた場合の金額。老齢厚生年金は、夫の平均標準月額（賞与を含む）42万8000円で40年就労した場合

コラム　年金は購買力を維持できる

老後の年金は終身年金です。長い期間にわたって受給するので、今後、物価が上昇する可能性もあります。物価が上昇しているのに、受給当初のまま金額が変わらないとどうでしょう。たとえば、りんご1個が300円から30年後に600円になれば、生活は苦しくなります。物価の上昇に応じて、年金額が増えなければモノを買う力（購買力）は下がってしまうのです。年金を中心とした老後生活で大切なのは、モノを買う力（購買力）を維持することです。

日本の年金制度は、生活保障としての機能を保持するために、「賃金水準」や「物価変動」を年金額に反映させることになっています。つまり、これらが上がれば、

年金額も上がるということです。

年金制度は世代間扶助と言い、現役世代の支払う保険料が年金受給世代に仕送りをされる仕組みです。この賦課《ふか》方式こそが、モノを買う力（購買力）を維持できるゆえんです。これが、自分で支払った保険料を積立ていく方式（積立方式）だったらどうでしょう。

民間の生命保険会社の個人年金保険は、自分で保険料を支払い積み立てていき、20年30年後に、加入時に決められた保険金を受け取ります。物価が上がっていれば、購買力は減ることになります。

公的年金は、賦課方式・強制加入方式だからこそ、20年後、30年後、高齢になって年金を受け取るようになったとき、購買力が維持された年金を受け取ることができるのです。民間の保険会社には絶対に作れない「保険」です。

物価上昇で年金額が上がった場合、それを負担するのは現役世代ですから、年金額の改定は、現役世代に十分配慮して行われます。

現役世代の「名目手取り賃金」が、仮に40万円から40万4000円に1%上がると年金額も1%上がりますが、そのまま上げていたのでは、将来の年金財政が厳しくなって現役世代が将来不利益を受けることになります。制度は、少子高齢化が進むことで支える力が弱くなり、一方、高齢者の余命は伸びて年金受給期間も長くなって支給総額が増加することをちゃんと想定して作られています。

少子高齢化が進んでも年金制度が維持できるように、保険料の上限を固定して、その限られた財源の中で、年金給付水準を徐々に調整する仕組みが「マクロ経済スライド」です。年金額が増える場合はその伸び幅を少し縮めるものです。(現役世代に近い68歳までは「賃金水準」に当たる「名目手取り賃金変動率」によって改定を行います)。

年金額は下がることもありますが、給付水準は、現役世代の平均年収の50%を上回る水準(所得代替率50%以上)を確保できるように決められています。

また、年金の財源は、私たちが支払う保険料の他、基礎年金の2分の1は国庫負担によって賄われています(税金が投入されています)し、無限の将来にわたって年金財政を均衡させるというこれまでの「永久均衡方式」を見直しました。約100年間で財政均衡を図ることとして、積立金は、約100年後に給付費の1年分程度を保有する「有限均衡方式」となりました。これによって、現在保有している積立金は、次世代への給付に活用されます。また、少なくとも5年ごとに財政検証が行われることになっています。

②リスク商品はいくら持つか

二つ目のステップは、自分がどのくらいリスクを取れるのか考えます。このリスクというのは、日常生活の中でいう「危険」という意味ではありません。お金の世界でいうリスクとは不確実性のことです。価格が上がることも下がることも「リスク」と言います。株や投資信託はリスク性商品ということです。

自分の資産全体を177ページの図のように三つに分けて考えます。流動性重視の口座と安全性重視の口座に資金が積み上がっていないのに、必要貯蓄額のほとんどを投資してしまっては困ります。バランスよく配分しましょう。

逆に、リスク資産をまったく持たないというのも心配です。資産運用が必要なのは、将来、モノを買う力を減らさないためです。

自分がどのくらいリスク商品を持てるのかを考えてみます。イデコやNISA、つみたてNISAでいくら運用していくかです。「360」で考えます。

65歳でリタイアして95歳まで生きるとすれば、30年間あります。月にすると360ヶ月です。その間は、多くの人が、公的年金とそれまでに貯めたお金を取り崩して生活費にあてるでしょう。

マーケットが悪くて運用がうまく行かず、３６０万円お金が減っていれば、老後毎月使えるお金が1万円減るということになります。逆に、運用がうまくいって３６０万円増えていれば、老後の生活費は月に1万円増えます。

仮に老後生活費が30万円から29万円になっても大丈夫だと考えるなら、リスク商品を、国内外のインデックスファンドを組み合わせて１０８０万円までを持つことができます。

若いうちなら、運用で多少の損をしても働いて取り返すこともできるし、長く持ち続けることによって、またマーケットが上昇するということも十分に考えられます。でも高齢になれば、投資で損するかもしれないと考えると、もう投資はいいかなと思いがちです。

投資をするときに確認するファンドの説明書である「目論見書」を読むのが嫌になるほど老いを感じたら、投資をするのをやめるべきだと思います。そうでなければ、老後の生活費が大体予測できているので、「このくらいなら、最悪損をすることがあっても、さほど老後生活には影響がないから大丈夫」という気持ちで、「３６０」でリスクを考えてみてください。

お金の３つの置き場所

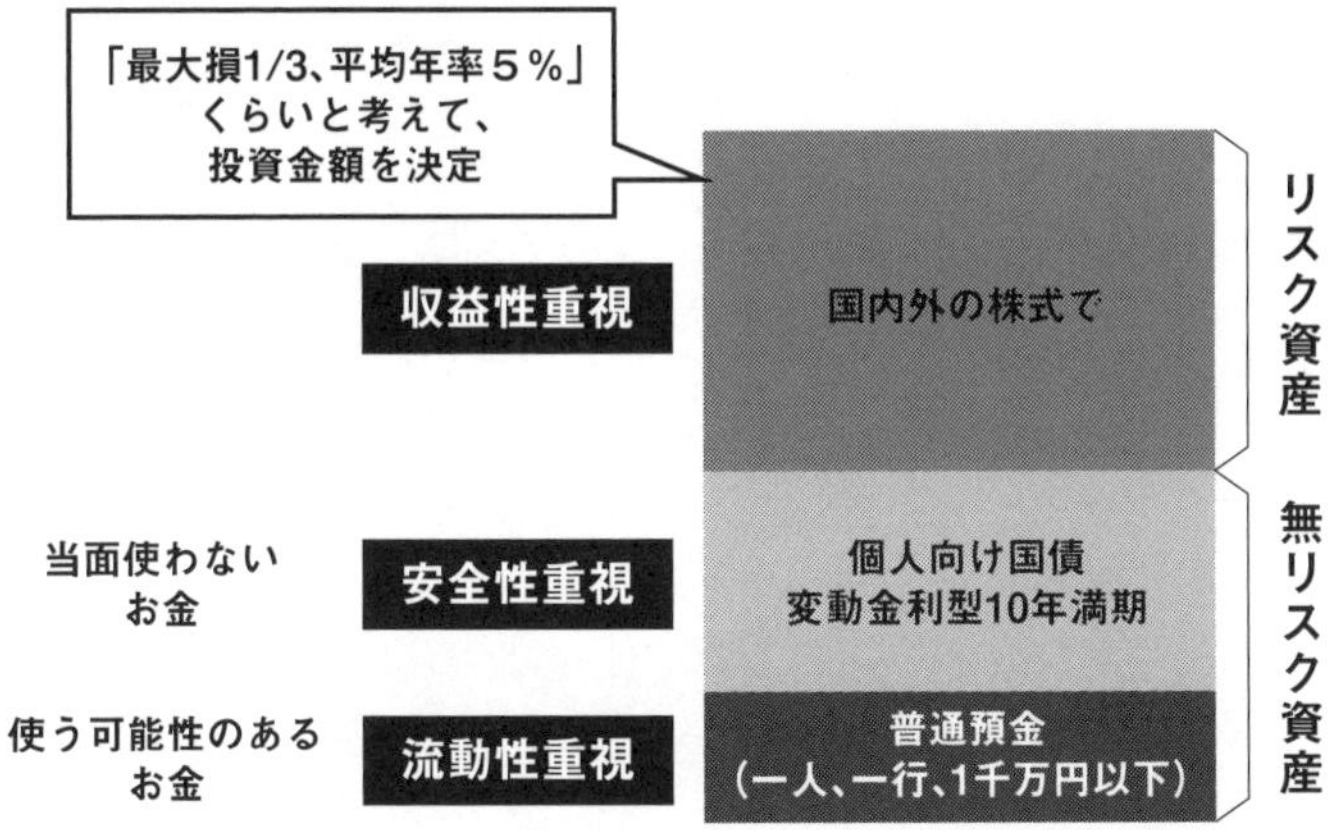

③お金の置き場所を作る

３つ目のステップは、「お金の置き場所を作る」です。次ページの図のように**「流動性」「安全性」「収益性」**を考えます。

必要なときにいつでも出し入れできるのは、銀行の普通預金です。生活費の半年~1年分は、いつでも出し入れできるように、「流動性」を重視して、「普通預金」に入れておきましょう。お給料が振り込まれ、カード決済の引き落としなどに使っている口座とは別に「貯蓄口座」とします。毎月の必要貯蓄額はこの口座に移し、一時退職金などもここに入れるようにします。

近い将来必要になるお金は、元本割れをしないように、「安全性」を重視して**「定期預金」**や**「個人向け国債変動金利型10年満期（変動10）」**で持つとよいでしょう。たとえば、数年先に必要になる子どもの大学進学の資金などです。このとき、普通預金、定期預金は、1金融機関1預金者あたり1000万円までとします。金融機関が破綻した場合、ペイオフによって保護の対象となっているのが、1金融機関1預金者あたり元本1000万円までとその利息だからです。

「個人向け国債変動金利型10年満期（変動10）」とは、政府によって買い付け保証のついた個人向けに限定して販売されている国債です。銀行、証券会社、ゆうちょ銀行などで、最低購入価格1万円から買うことができます。「変動10」は、満期まで10年で、その間、金利が半年ごとに見直される仕組みです（そのときの10年固定利付国債の実勢金利×0・66）。最低金利は0・05％が保障されています。発行から1年経てば、直前2回分のペナルティ（※）を支払うと途中換金できるので、実質的には元本割れしません。①国債なので、銀行よりも安全であること、②固定利付きの長期国債と異なり、金利が上昇しても元本割れしないこと、③0・05％の利回りが銀行の定期預金や、長期国債利回りよりも高いこと、など3つのメリットがあります。

※ペナルティ　直前2回分の各税引前利子相当額×0・79685

財務省HP　https://www.mof.go.jp/jgbs/individual/kojinmuke/index.html

当面使う予定のないお金は、「収益性」を目指して、投資信託や株式などで運用します。そのとき、(1)**個人型確定拠出年金**(イデコ)、(2)**NISA、つみたてNISA**、(3)**ネット証券などの課税口座**を適切に選択します。

できれば、イデコとつみたてNISAかNISAを併用するのが合理的です。イデコは原則60歳までお金を引き出すことができないからです。言い換えれば、老後資金を確実にためていけるということです。ただし、病気や怪我で障害状態になったときは、60歳より以前でも「年金」または「一時金」で受け取ることができます。また、加入者本人が死亡したときは、「死亡一時金」を遺族が受け取れます。

NISA、つみたてNISAは途中で引き出すことも可能です。

イデコやNISAなどの専用口座は、銀行でも証券会社でも開設できますが、選ぶときは、商品のラインアップを確認して、国内外の株式や債券といった基本的な商品が低コストでそろっているところにしましょう。口座を持つのに手数料がかかるイデコは、運用管理手数料が安いところを探しましょう。ネット証券であれば、余計な金融商品を勧められることもなく、商品ラインアップが多く、手数料も安いのでおススメです。ネット証券大

60歳までの通算加入期間と受け取り開始年齢

60歳の誕生日の前日の前日（2日前）までの通算加入者期間（※2）	受け取り開始年齢
10年以上	60歳
8年以上10年未満	61歳
6年以上8年未満	62歳
4年以上6年未満	63歳
2年以上4年未満	64歳
1ヶ月以上2年未満	65歳

手のサイトを見比べて使いやすそうなところを選ぶとよいでしょう。先の「貯蓄口座」と運用をする証券会社の口座を連動させ、イデコなどもここから引き落としができるようにしておくと便利です。

イデコは、掛け金が全額所得税や住民税の対象から差し引かれ、その結果、それらの税金が安くなります。また運用益に税金がかからない、受け取り時も税制優遇があるとてもお得な制度で、この制度を利用することで、「じぶん年金」を効率的に作っていくことができます。

たとえば、50歳の会社員で所得税と住民税合わせて20％の人が、掛け金の上限の年間27万6０００円（2万3０００円×12月）を拠出すると、27万6０００円にかかる税金の5万5２００円がかからなくなります。その後税率が変わらないとすれば、10年間で55万２０００円の税金がお得になります。

しかし、現在の制度では、イデコで積み立て投資ができるのは60歳までとされていますし、上の表のように、加入期間によって、受け取れる年齢も決まっていますので、50歳以降になるとイデコを使うかどうか迷う方もいると思います。

50歳で初めてイデコに加入すれば10年経過した60歳で受け取ることができますが、53歳からスタートすれば掛け金を拠出できる期間は7年間なので、受け取り開始は62歳以降ということになります。

運用は、「長期、分散、低コスト」が鉄則です。短期間では十分な成果を得ることは難しいので、60歳以降は掛け金を積み立てない「運用指図者」となり、最低でも10年超運用を続けることが大切です。最長70歳まで続けられます。しかし、その間も口座管理手数料はかかりますから（拠出中よりは安くなります）、なるべく安いところを選び、運用商品も低コストの商品を選ぶことが大切でしょう。確定拠出年金教育協会の「ｉＤｅｃｏナビ」をご参考にしてください。

税制優遇を考えると、仮に、55歳の会社員で、所得税と住民税合計30％の人が、上限の

27万6000円を拠出すれば、お得になる税金は8万2800円です。55歳から5年間拠出すれば、税率が変わらなければ41万4000円の税金がいらなくなります。60歳以降3年間は年金の払い出しができませんので管理手数料だけかかり続けることになります。所得税率の高い人ほど運用指図者として続けなければならない期間のコストを考えても、イデコで運用するほうがお得となるでしょう。

自営業（第一被保険者）で、所得税率40％、住民税と合わせて50％の人は、国民年金基金に加入していなければ毎月の掛け金の上限は6万8000円です。年間81万6000円を拠出すれば、住民税と合わせると40万8000円の税制優遇ということです（すべて復興特別所得税は考慮していません）。

このように、イデコは税制上のメリットがあるので、一定以上の所得があって税金を払っている人は活用すべき制度です。しかし、逆に収入のない専業主婦は、あえてイデコに加入する必要がないともいえますが、自分年金を作れることは一つのメリットでしょう。のちに述べる退職所得控除もあります。

また、企業型ＤＣ（企業型確定拠出年金）制度がある人で、マッチング制度（企業が拠出する掛け金の同額を個人が拠出できる制度）がある人は上限まで拠出するといいでしょう。

また、運用期間が短い人は、商品ラインアップに含まれている定期預金に入れて、税制優遇のみを享受するという考え方もあるでしょう。運用でお金は増えませんが、掛け金の税制優遇は受けられます。

受け取り方法には、「一時金で受け取る」か「年金で受け取る」を選べることが一般的です。年金規約によっては、「年金」と「一時金」を組み合わせて受け取れる場合もあります。ご自身の加入している運用管理機関に一度ご確認ください。

一時金で受け取る場合は、退職所得となり、退職所得控除があります。

退職所得＝（収入金額−退職所得控除※）×1／2

※退職所得控除は、勤続年数・加入期間20年以下は、退職所得控除額＝40万円×勤続年数・加入期間

20年超は、退職所得控除額＝800万円（＝40万円×20年）＋70万円×（勤続年数・加入期間―20年）です。

勤続（加入期間）40年だと退職所得控除額は2200万円ですので、一時金が2200万円以下であれば非課税というわけです。

また、年金受け取りなら、公的年金等の雑所得となります。収入金額から、公的年金等控除額を差し引くことができます。総所得額に含まれ、累進課税になりますので、課税所得が多いと税金も高くなります。お住まいの自治体によって金額に違いがありますが、社

会保険料も上がりますので注意が必要です。年金を受け取るときには、お近くの年金事務所に相談に行かれるといいといいます。

一般的には、「一時金」として非課税の範囲で最大限にもらうことですが、非課税枠は退職一時金と合算されますので、退職金が多い人は、この非課税枠を使い切ってしまってイデコが課税されてしまうこともあります。

また、退職一時金を受け取り、公的年金を受け取り始めるまで、イデコを「年金受け取り」にするという方法があります。そうすれば、公的年金等控除の非課税枠が丸々使えます。65歳未満は公的年金等の収入金額の合計が70万円までは非課税。65歳以上は１２０万円まで非課税です。

コストにも注意

これまで度々出てきたコストの話をもう少し付け加えます。投資をするには大なり小なり手数料がかかり、コストはもちろんあなたの資産から支払われます。ですから同じリターンならコストが低いほうが実質利回りは高くなります。運用益にかかる税金も同じくコストと考えると、非課税口座のほうがいいわけです。長期の運用だと、コストが小さいほど資産の増え方が複利効果で大きくなりますので、次ページの図のように、長期では大き

投信のコストで増え方はどれくらい変わる？

※100万円を投資、年4%で運用できた場合

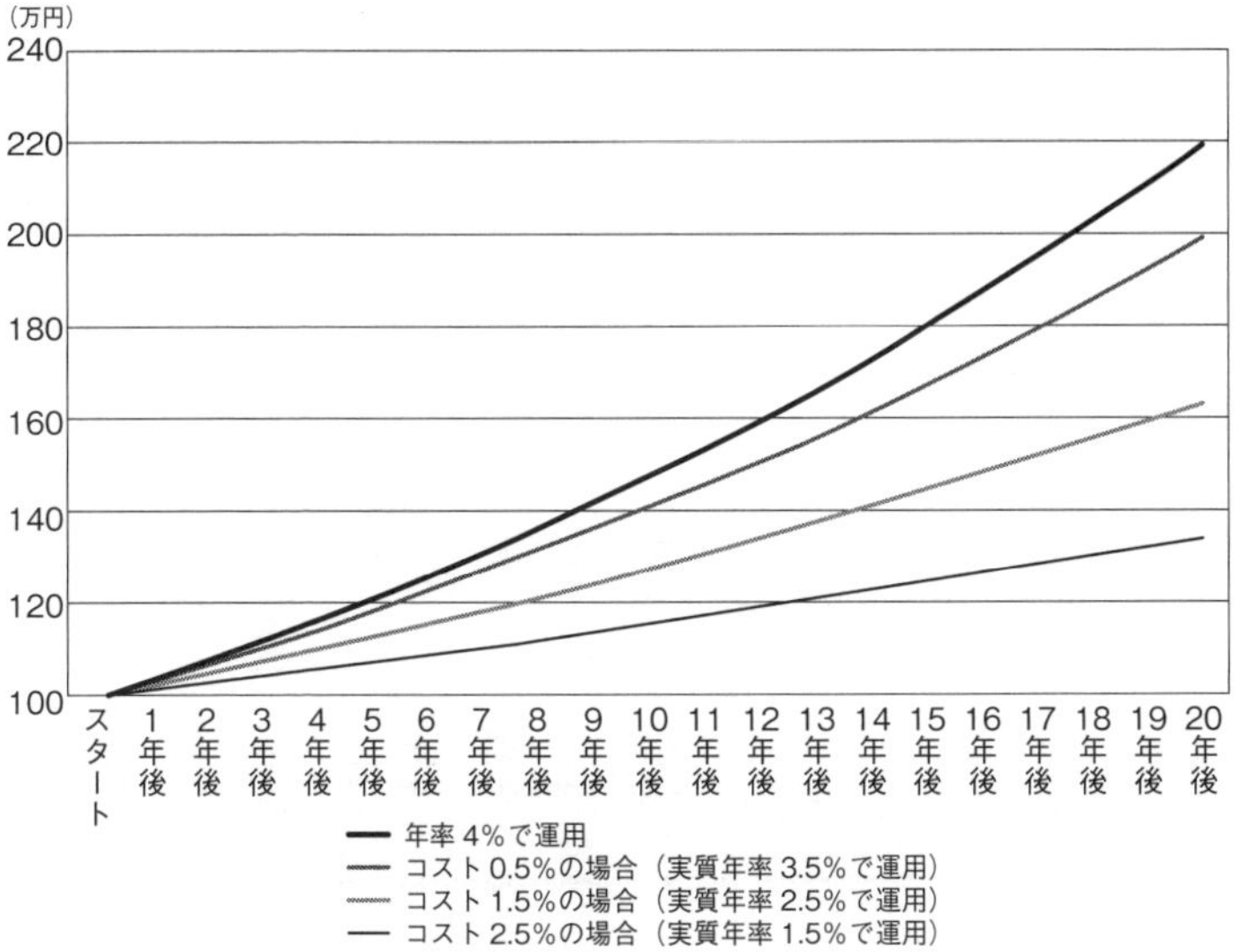

な差がつくのです。つまり、どこで運用し、何を選ぶかで結果に大きな違いが生じるのです。

年齢が高い方に多いのですが、「いいサービスにはコストがかかる。価値があるものは高いのだ」という先入観を持っている人が多いようです。こと投資に関しては考え方を変えたほうがいいのでしょう。

コラム　投資信託

運用のために利用するイデコやつみたてＮＩＳＡで使う投資信託は、投資家から集めたお金を一つの大きな資金としてまとめ、運用のプロであるファンドマネージャーが株式や債券などに投資・運用し、その運用の成果として生まれた利益を投資家に還元するというものです。たくさんの企業に分散投資をしているので、もし、その中の1社の業績が悪くて株価が下がっても、全体でみればあまり影響がありません。また、それぞれの企業の株を買うのはある程度まとまったお金を必要としますが、投資信託は少額から投資が可能です。国内外の株価指数や株式、不動産、債券などを使ってさまざまな商品を作ることができますので、個人では買いにくい発展途上国の株式や債券などを投資対象とした商品も多くあります。そして、投資信託は、運用に関わる金融機関がもし破綻したとしても資金が守られます。かかるコストの主なものは以下の三つです。

①　**販売買付手数料**　投資信託を購入する際に必要な手数料。販売買付手数料のかからないものを「ノーロード」と言います。イデコやつみたてＮＩＳＡはノーロードです。

②　**ファンドの管理費用**（含む信託報酬）投資信託の運用にかかる費用で、毎日、

365分の1ずつ差し引かれています。

③ **信託財産留保額**　投資信託を信託期間の途中で換金する際の証券売却にかかります（かからないものもあります）。

今、6000本くらいある投資信託も、運用スタイルは二つのタイプに分けられます。インデックス（パッシブ）かアクティブかです。

インデックスファンドとは、各指標（インデックス）に連動する運用成果を目指す投資信託です。指標には、日経平均、TOPIX（東証株価指数）、MSCI-KOKUSAI、MSCI-ACWI、FTSE-GACIなどがあります。

インデックスファンドは、銘柄構成は指標とほぼ同じで、指標とほとんど同じ値動きをすることを目指します。TOPIXは、東証市場第一部に上場する国内の普通株式全銘柄を対象とする株価指数ですが、このTOPIXが3％上昇すれば、TOPIX連動のインデックスファンドも3％上がり、下がれば同じように下がります。対して、「アクティブファンド」は、指標を上回ることを目指す銘柄を絞り込んで運用しているものです。プロのファンドマネジャーによって運用されますが、指標を上回ることも下回ることもあります。インデックスファンドと違って、人件費や調査費用、売買コストなど運用にお金がかかることから、い

運用スタイル（インデックス運用とアクティブ運用）

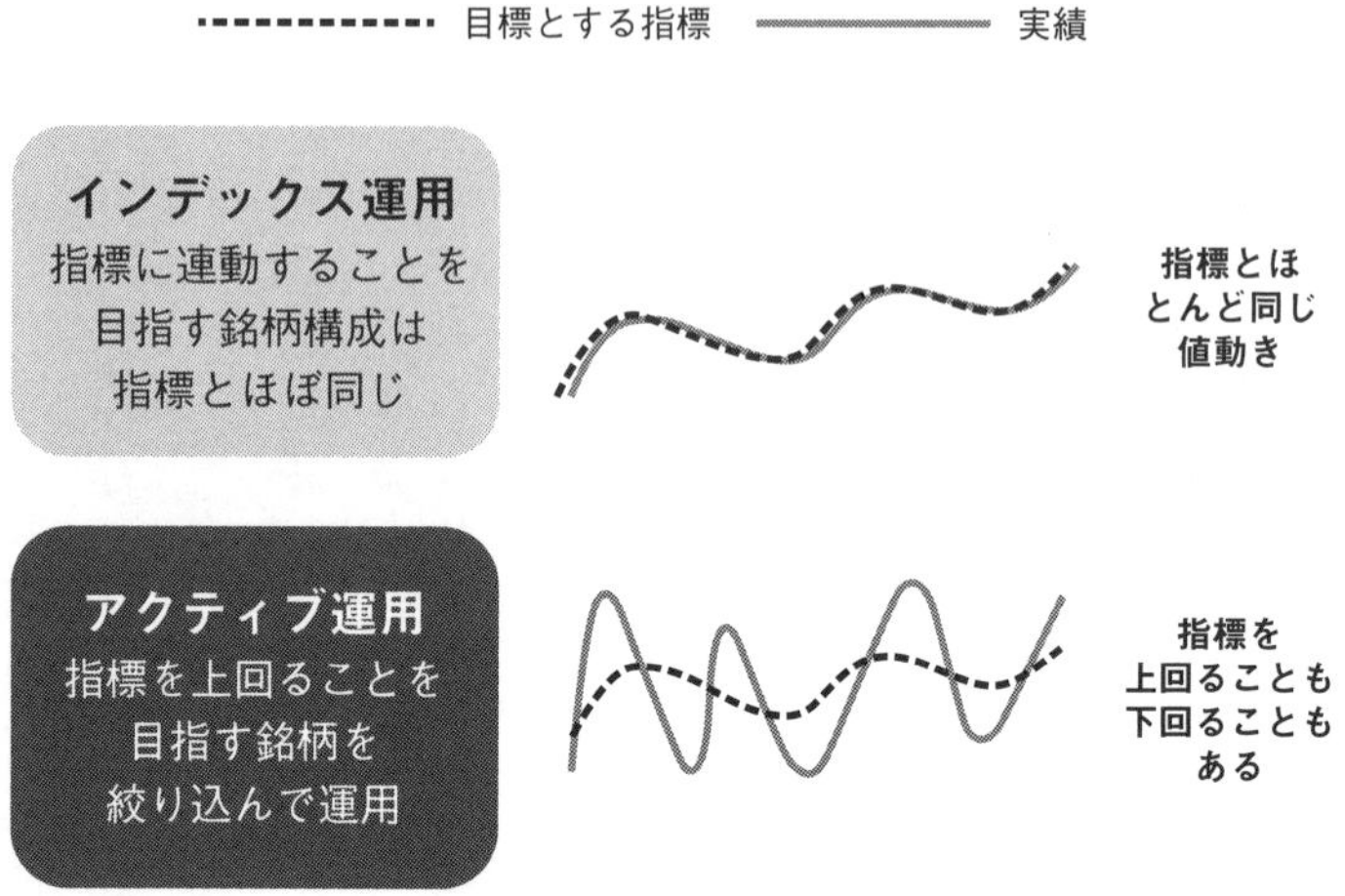

い成績を長期間出し続けるのは難しいのが実情です。さらに、好成績を出し続けるアクティブファンドを選ぶのも難しい。

　つまり、以下のように考えられます。株式市場のリターンは、誰にとっても共通のリターンで、アクティブファンドで運用した場合は、ファンドマネジャーの運用手腕を見極めることはできませんが、コストは確実に、リターンからのマイナスになります。さらに長期運用の場合、複利で効いてくるコストは低ければ低いほどよいということになります。

　2018年1月からスタートした「つみたてNISA」は、金融庁が、投資対象を長期・積立・分散投資に適したコストの安い投資信託に絞り込んでいますので、商品を選ぶときの参考にしてください。これまで一度も投資をしたことがないという人は、つみたてNISAから始めるとよいでしょう。

④ポートフォリオを考える

4番目のステップでポートフォリオ（資産配分）を決めます。

投資の基本的な考え方として、分散投資をするとリスクが軽減するとされています。一つの資産だけに投資をするよりも、値動きの異なる複数の資産に分散投資を行うことで、価格の変動が小さくなり、リスクを軽減することが期待できるというものです。

191ページ上の図のように値動きの違う資産Aと資産Bを合わせて持つと、値動きがならされて小さくなります。たとえば、1万円が50％値下がりすると5000円になります。

5000円のものが挽回して50％上がっても5000円の5割で7500円にしかなりません。値動きはなるべく小さいほうがいいのです。このように、値動きの違うものを組み合わせることで、値動きを小さくできます。リターンをコントロールすることはできませんが、このようにリスクはコントロールすることができるのです。国内外のインデックスファンドを持てば、世界中の企業に広く分散投資することができます。

そして、資産クラスとお金の置き場所を分散させると191ページ下の表のようになります。イデコの口座の中で、あるいはNISAの口座の中で資産クラスを分散させなくても、このようにすれば、分散投資ができます。そうすれば、リスク商品は、日本の株式インデックスファンドと先進国の株式インデックスファンドの2本を持つだけですみます。前ページでご紹介したような広く世界中の株式に分散投資をするインデックスファンドを1本持つだけでも構いません。年齢が上がると、あれこれ持っていると管理がしきれなくなるので、なるべくシンプルにするのがいいでしょう。

そして最後のステップで、⑤買う「商品」を決めます。日本の株式インデックスファンドと先進国の株式インデックスファンド中からコストの安いものを選ぶ、または、全世界の株式に分散投資をするものから1本を選べばよいでしょう。

この5ステップで、誰でも自分のお金の人生設計、貯めるプロジェクトをスタートすることができます。

分散投資

◎値動きの違う資産を組み合わせることが大切。
◎リターンはコントロールできないが、リスクはコントロールできる。

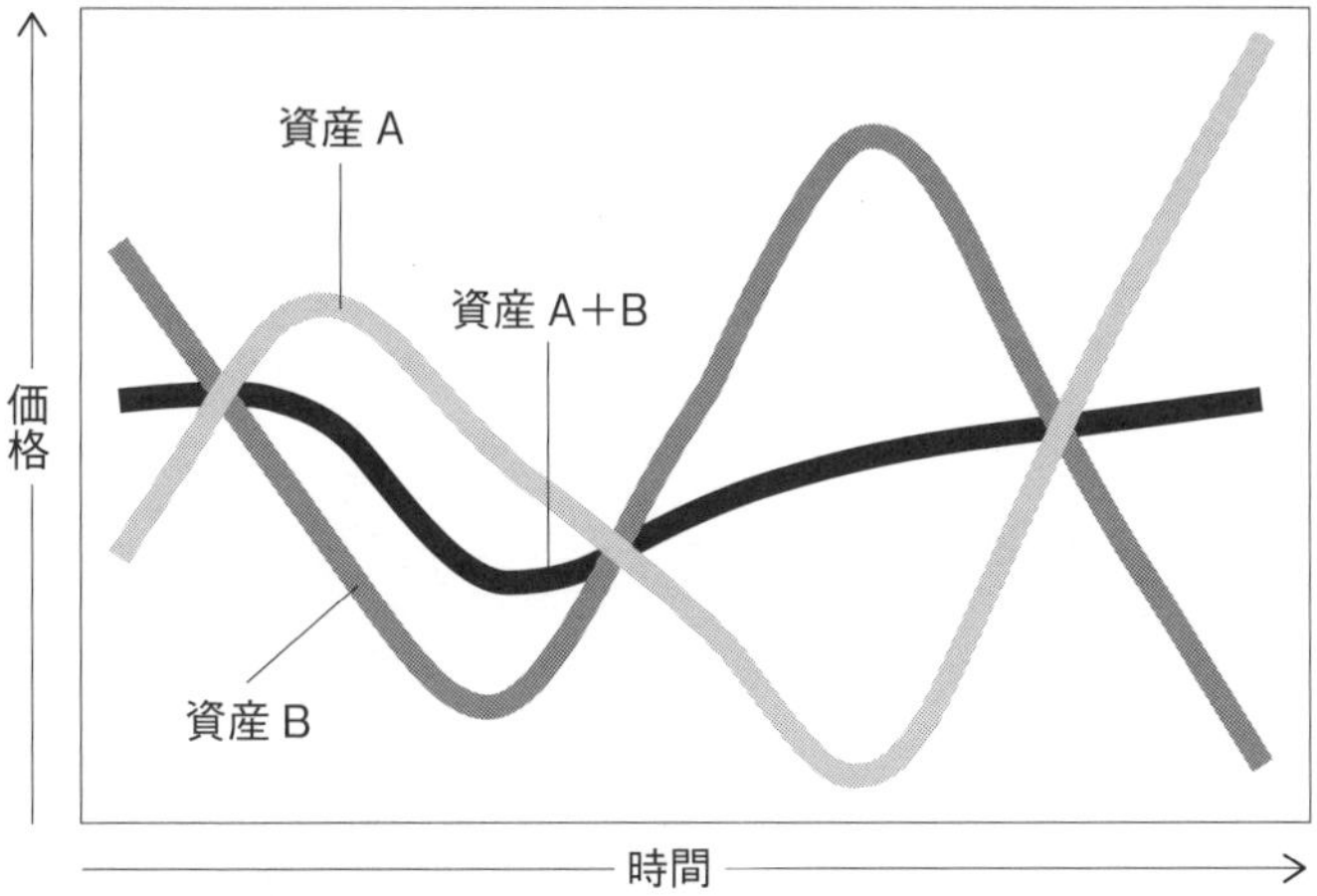

資産全体で分散する　（例）

アセットアロケーション（資産クラス）

アセットロケーション（置き場所）

	外国株式	国内株式	無リスク資産
課税口座			預貯金　1200万円 終身保険　200万円 個人向け国債変動10年型　1000万円
NISA	外国株式インデックスファンド 600万円		
確定拠出年金		TOPIXに連動する日本株インデックスファンド 400万円	
合計	600万円	400万円	2400万円

基本的な考え方として、株式を長期で分散して保有していれば、価格が多少下がることがあったとしても、下がったものはいつかは戻りますし、のんびり続ければいいのではと思います。また、今の低金利が好景気になって上昇していって、2%以上くらいになった場合は、預貯金や個人向け国債の変動10に移動させて、元本が変動するリスクを避けておけばいいのかなと思っています。

第6章

幸せになる
お金の使い方

足りないものを増やすことで幸せにはなれない

第5章まで読んでいただいて、お気付きの方も多いかと思いますが、自分のお金をいかに守り、いかに増やしていけるかは、「人のリスク」を避け、シンプルな方法で投資を続けることです。シンプルな方法とは、「税制優遇のある口座で、低コストの商品で、なるべく広く分散してできるだけ長期で運用すること」です。

人のリスクを避けるためには、自分でお金を管理し、運用する方法を決めなければなりません。その方法については「お金の人生設計の5つのステップ」でお伝えした通りです。と、ここまでものすごい労力を使って本著を書いてきましたが、結論はそういうことなのです。だって考えてみてください。自分のお金を一番安心して託せるのは誰ですか？自分です。自分は自分を騙したり裏切ったりしませんし、自分が得た知識を使うのはタダです。アドバイス料を支払う必要もありません。自分イズベストです。そして、自分が管理運用しなければならないのなら、方法もシンプルがベストです。

人生にはお金より大切なことがたくさんあります。お金のことを忘れていられて、もっと大切な仕事やプライベートなことに、労力も時間も使えたほうがいいですよね。

株の値段が下がったといってドキドキするのも嫌ですし、将来のお金について不安を感じるのも嫌です。この商品は本当に買っていいのか、もしかしたらあのアドバイザーに騙されているのではないかと悩むのなんて愚の骨頂。人生の中で一番避けたいことではないですか？

もし今、価格が下がってしまい、売るに売れない塩漬け投信や株を持っているなら、失ったお金はもう返ってはきませんので、損には目をつむって売ることです。そして、それらを勧めてきたセールスパーソンとは縁を切ってください。この証券会社はダメだったから今度はあの証券会社でリベンジだなどとは決して思ってはいけません。あなたのお金の管理運用者は、あなた自身です。

今は、税制優遇の大きいお金の置き場所があり、コストの安いインデックスファンドを使うことで世界中の株式に、低コストで分散投資ができます。しかも、それをインターネットを使って、一人ですべて行えます。運用の仕組みさえ作ってしまえば、あとはほったらかしていても大丈夫、できるだけ長く資産運用を続ければよいのです。口座の開設の仕方や運用の基本的なことがわからなければ、ＦＤ宣言をしている中立的なアドバイザーを見つけて、少しお金を払って相談してください。１回相談料を支払うだけで、その後、正しい運用を続けることができるのですから安いものだと思います。

お金の使い方を意識してみましょう

50代は年収も高く、子供も成人してようやく自由にお金を使える時期かもしれません。「少しは贅沢しても」という気持ちにもなるでしょう。でも、だからこそ、お金の使い方には意識的になって、無駄をなくして意味のある支出にしていただければと思います。「お金の使い方なんて今さら」と思わずに、足元の支出についても考え直してみましょう。

私は、毎月行っている少人数制の勉強会で、「お金を使うとき、頭の中で支出を三つに仕分けしましょう」とお伝えしています。

方法は簡単です。支出を三つに仕分けするだけです。勉強会では、「生活費の支出」「自己投資のための支出」「心を豊かにするための支出」に分けていますが、自由に決めていただいて結構です。

何か買い物をするとき、お金を使うときには、この三つのどれに当てはまるかを考えてください。どこにも該当しない支出は「ムダな支出」とジャッジして使うのをやめましょう。

たとえば毎日のランチは「生活費の支出」です。お友達との休日の贅沢ランチは「心を豊かにするための支出」かもしれません。打ち合わせをしながらのビジネスランチは、「自己投資のための支出」でしょうか。自分の価値観で考えていただいて結構です。

また、少々値が張るブランド品ですが、流行っているし、持っているとかっこいいと買いたくなる気持ちもわかります。でも、それ、本当に必要ですか？　わざわざブランドものを買わなくてもいいのでは？「自己投資のための支出」に仕分けしても、得られるのは自己満足だけかも……と、心の声が聞こえてきそうです。このようなブランド品は、他人と比較して優位性を感じたときにはじめて価値の生まれる、いわゆる**「地位財」**というものです。高級車や高級時計、教育費や家も他人の評価を意識して過大になればそうなります。そして、無理な支出を重ねていけば、やがて家計は圧迫されるようになるでしょう。

つまり、「価値観」というのが、お金の使い方のキーワードになるのではないかと思うのです。「価値観」は、本来自分自身のものですが、人はしばしば他人による評価に引きずられてしまうものです。

リタイアすれば、一般的には収入より支出が多くなります。自由に使えるお金も減ってくるでしょう。にもかかわらず、いつまでも「価値観」が変わらなければ、不満がたまり、不幸な気持ちになってしまうと思います。

三つの仕分けは、支出の質を区別することが目的です。お金の使い方は、自分が納得し、満足できるように決めることが大切です。自分のお金の使い道をしっかり意識し、極力ムダをなくし、使うべきところには気持ちよく使えれば、満足度は上がるでしょう。リタイアまでの助走期間には、お金の使い方を熟慮することも大切です。

もう一つ、お金の使い方を間違えないための実行しやすい方法は、「衝動買いはしない。バーゲンに行くのをやめる」です。これは、ネットでの買い物も含みます。

三つの仕分けに当てはまらない支出は、「ムダ遣い」です。これが生まれやすいシチュエーションは、衝動買いやバーゲンでしょう。そのほかに、「ポイント失効のお知らせ」という罠もあります。

お心あたりのある方は、これを避けるためにはどうすればよいかを考えてみましょう。

まずおススメしたいのは、趣味や旅行、嗜好《しこう》品などの支出について予算を設けることです。洋服や靴を買うのが好きな人は、年間予算を立て、シーズンごとで買い物をすることです。計画を立てて買い物をすることで、着回しや組み合わせの幅が広がり、無駄がなくなります。

また、バーゲンは、つい余計なものを買ってしまうことにもなります。「30%引き」「半額」という値札が曲者ですね。「お得だ！」という意識が芽生えて、「買わなくては損」という衝動にかられてしまいます。また、元の値段4万8000円に赤線が引かれ、2万8800円と赤い数字が書かれている場合、特に欲しいものでなくても、「安い！お買い得！」という感覚が生まれて手が伸びます。

これらは、最初の4万8000円を基準に考えてしまうからで、商品そのものの価値を見ているわけではないでしょう。もし、初めから2万8800円という値札がついていれば買ったでしょうか。きっと、あなたは、商品が値段相当なのか冷静に検討し、三つの仕分けを思い浮かべたことでしょう。

バーゲンは、在庫をなくしたいというお店の意図があることも頭に入れておきましょう。バーゲン会場は混み合っていることもあって、冷静な判断をする余裕もなくしてしまいがちです。無駄な衝動買いを避けるためにも、バーゲンには行かないと決めるのが一番です。

ぜひ、自分なりの**「価値観」**を持ってみてください。

おひとりさまを決めたとき

生涯未婚率が増加しています。国立社会保障・人口問題研究所の「人口統計資料集（2017年）」によると、2015年の生涯未婚率は男性が23・37％、女性は14・06％でした（国立社会保障・人口問題研究所「人口統計資料集（2018）」）。

生涯未婚率というのは、「45〜49歳」と「50〜54歳」未婚率の平均値から、「50歳時」の未婚率（結婚したことがない人の割合）を算出したものです。生涯を通して未婚である人の割合を示すものではありませんが、将来的にも結婚する予定がないと想定して、生涯独身でいる人がどのくらいいるかを示す統計指標として使われます。周りには、50歳を過ぎてから結婚する人もいるでしょうし、事実婚の人もいるでしょうから、ざっくり2割前後の人がおひとりさまなのだと考えていただければと思います。

将来的にどうなるかはもちろんわかりませんが、「おひとりさま」を決めたときに考えるのが「家をどうするか」でしょう。ご相談者の考えを伺っていると、主に二つのタイプに分かれるようです。

一つは、「万が一、施設に入るようになっても貸したり売ったりしやすいように駅近の物件を買う」という人と、「いずれ施設に入ることを想定して賃貸で過ごし、なるべくお金を貯めていく」という人です。

老後の住居費負担を考えると、持ち家のほうが有利なのは確かです。ただし、リタイアまでに住宅ローンを完済することが必要なのは、すでに述べた通りです。

いざ、買うとなると、「持ち家は一生に一度の買い物」と、妥協したくないという思いが膨らみやすく、無理な返済計画で住宅ローンを組んでしまう人も多いのです。働けるうちは、無理をしながらなんとかなったとしても、歳をとってからは苦労することになりますので注意が必要です。

物件ありきではなく、〝買える金額〟をしっかり見極めるましょう。住宅ローンを完済したとしても、管理費や修繕費は引き続きかかります。金額の目安としては首都圏で平均月約2万円。そこに固定資産税を足すと、年間50万円程度の出費になります。また、長年住めばリフォームも必要になるでしょうし、マンションによっては大規模修繕でお金が必要になるかもしれません。

一方、賃貸のデメリットは、定年後も家賃負担が続くという点です。しかし、簡単に引っ越せるというメリットは大きいでしょう。「いずれ施設に入るのだから賃貸で」という考え方は合理的だと思います。

今、首都圏のマンションの購入価格は割高ですが、賃料水準は下がっています。また、貸家数や空室率は増加傾向にあることを考えると、今後は賃貸物件が借りやすくなる可能性も考えられます。

高齢になると、心身の状態や金銭的な懸念から入居を断られやすくなるのではと心配する人も多いかもしれません。ですが、専門家によると、「確かに高齢になると、通常よりも入居審査のハードルが上がる傾向はありますが、今後、国としても、急増する高齢者の住居をどのように確保するかに対応せざるを得ない状況になっていますから、状況は変わっていくのではないでしょうか」ということです。

現在の高齢化率（総人口に占める65歳以上の人口）は27・7％です。それが、団塊の世代がすべて後期高齢者（75歳以上）となる2025年には高齢化率は30％、2065年には38％に達すると予想されています（日本の将来推計人口2017年推計）。

実際、さまざまな取り組みが行われています。国が高齢者向けの賃貸住宅として推進する**『サービス付き高齢者住宅』**（サ高住）もその一つです。これは60歳以上を対象としている住まいで個室、バリアフリー構造、食事や介護サービスなどが受けられます。

ほかにも、独立行政法人都市再生機構（UR）が提供する高齢者向け賃貸住宅や、地方自治体が低所得者向けに提供する「公営住宅」などもあります。

また、家主さんが、高齢者等の入居を拒まないことを登録する**「住宅セーフティネット制度登録住宅」**という仕組みもスタートしています。

こうしたシニア向けの施設が増えていくにしたがって、**〝終《つい》のすみか〟**の考え方も変わっていくかもしれません。

年金減額を気にするより働いたほうが得

なるべく長く働き続けることで、資産の取り崩し額が減り、老後資金を長持ちさせることができます。自営業の方は自分で働く期間を自由に決められます。会社員の方には定年がありますが、再雇用や雇用延長で働き続ける人が増えています。また、定年を機に会社を離れて転職するという方法もあります。少子高齢化による労働力人口の減少が見込まれる中で、高齢者の就業を支援する仕組みもいくつかありますので、知っておきましょう。

再雇用、雇用延長で就労しても、現役時代と比べて賃金が大きく減るケースは少なくありません。その場合には、**「高年齢雇用継続基本給付金」**を受給できます。

60歳到達時点の賃金と比較して75％未満の賃金で働き続ける場合に支給され、65歳になるまで受け取れます。同じ会社で働き続けた場合、また、離職して失業手当を受け取らずに再就職した場合でも受給できます。

支給額は賃金に対して最大で15％で、賃金額に応じて逓減されます。高年齢雇用継続基本給付金の額に賃金を加えた額の上限は、36万1169円（19年度）です（毎年8月1日に変更される場合があります）。

60歳時点の賃金が30万円だった人が、16万円に減ったとすれば、高年齢雇用継続基本給付金は、16万円×15％＝2万4000円です（のちに述べますが在職老齢年金を受給している場合は、受給額が調整されます）。

また、もし再就職を目指して求職活動をすれば、その間は基本手当、いわゆる失業保険（失業手当）を受け取ることができます。年齢や被保険者だった期間、離職の状況によって受け取れる日数や給付率は違いますが、受給日数（所定給付日数）は、90～360日、基本手当日額の上限は、60歳以上65歳未満は7087円です（19年度）。

定年退職した後、しばらく休みたいという人もいるでしょう。そういう方は、離職後一定期間内に求職の申し込みをしないことを申し出れば、受給期間を1年を限度として延長することもできます。

また、失業給付の基本手当をもらっていた60歳以上の人が、再就職が決まれば、**「高年齢再就職給付金」**を受け取ることができます。先の「高年齢雇用継続基本給付金」と同じく、離職前の賃金の75％未満になった場合に、最大で賃金の15％が支給されます。ただし、基本手当の給付日数が１００日以上残っている人が対象です。

ほかに安定した職業につき、失業給付の基本手当の給付日数が所定給付日数の3分の1以上残っていれば、再就職手当を受給できる場合もあります。

在職中の賃金と年金の関係についても知っておきましょう。

あまり稼ぐと年金が減らされるという話を聞く人も多いでしょう。これは、賃金が一定額以上だと年金が減額される**「在職老齢年金制度」**という仕組みのことです。会社員に限っての話です。

年齢によって違い、60歳から64歳の間は、厚生年金の受給額と月給相当額が合わせて月28万円を超えれば年金が減額されます。65歳以上70歳までは上限が47万円となります（19年度）。いずれもそれらを超えなければ、年金が減らされることはありません。

現在、年金の受給開始年齢は段階的に引き上げられています。男性は1961年4月2日以降、女性は66年4月2日以降に生まれた人は、原則、年金の受給開始年齢は65歳になります。ということは、前半の在職老齢年金は関係がありません。

また、減額されると損をすると考える人もいますが、年金は損得ではなく、長生きリスクに備える保険です。先に述べた少子高齢化によって年金財政も厳しいので、ある程度は仕方がないと考えましょう。

そしてなるべく高い賃金で働けば、退職してから年金額が再計算され、年金額が増えることも覚えておきましょう。

具体的には、次のようになります。

1961年4月2日生まれで65歳から老齢年金を受け取れる男性が、65歳以降70歳まで給料月額40万円（総報酬月額相当額）で就労したとします。老齢基礎年金は70万円、老齢厚生年金を138万円（基本月額11万5000円（※））とします。

※基本月額は、老齢厚生年金の額（加給年金額、繰り下げ加算額および経過的加算額を除く）を12で除して得た額。

在職老齢年金制度の支給停止分は、

（11・5万円＋40万円－47万円）×1／2＝2万2500円となり、在職老齢年金は9万2500円になります。

働いている間、年金をもらわないという選択もあります。年金を増額する手段として知られるようになってきた「繰り下げ受給」ですが、これとの関係はどうなるのでしょう。

まず、年金の支給の繰り下げをすると、1月につき0・7％年金額が増額されます。65歳で年金の受給権を取得した人が70歳まで繰り下げをすると、0・7％×60月＝42％の増額になります。厚生年金と基礎年金を同時にでも、別々にでも繰り下げることができます。65歳で受給権を取得し、老齢年金100万円の場合、70歳まで繰り下げると142万円になるわけです。このように年金は増えますので、「繰り下げ」をするほうがお得です。

70歳まで在職して「在職老齢年金制度」の支給停止分があった場合は、その分を除いた額が繰り下げ加算額として計算されます。つまり、支給停止されない部分（支給された部分）が繰り下げ加算の対象になるということです。年金100万円のうち支給停止になる部分が70万円とすれば、繰り下げ加算額は、30万円×42%＝12万6000円になります。

先の男性の場合、70歳まで繰り下げると、老齢基礎年金は99万4000円、老齢厚生年金は157万6200円となります。

「長生きしなければ損するから繰り下げない」という人もいますが、先に述べましたように、年金は、長生きした場合の保険です。長生きしたときに生活資金を確保できることが重要で、投資として損得を考えるのは間違いです。もし貯蓄を取り崩してしまって公的年金だけになってもどうにか生活できるという安心を作るためにも、死ぬまで受け取れる年金の受給額を増やすのは有益だと思います。

では、在職中の社会保障はどうなるのでしょうか。

60歳で定年退職をして、再雇用後の所定労働時間、所定労働日数、雇用契約期間が通常の社員と比較しておおむね4分の3以上（30時間以上）であれば、再雇用後も引き続き社会保険が適用されます。また、一週間（または1月）の所定労働時間が通常の労働者の4分の3未満でも、従業員501人以上の会社で、週に20時間以上の勤務、月の収入が8万8000円以上、1年以上の雇用期間を見込むなどに該当する人は、被保険者になります。

昭和16年4月2日以降に生まれた方の繰り上げ・繰り下げ受給の受給率

（数字は%）

	年齢＼月	0カ月	1カ月	2カ月	3カ月	4カ月	5カ月	6カ月	7カ月	8カ月	9カ月	10カ月	11カ月
繰上げ受給	60歳	70	70.5	71	71.5	72	72.5	73	73.5	74	74.5	75	75.5
	61歳	76	76.5	77	77.5	78	78.5	79	79.5	80	80.5	81	81.5
	62歳	82	82.5	83	83.5	84	84.5	85	85.5	86	86.5	87	87.5
	63歳	88	88.5	89	89.5	90	90.5	91	91.5	92	92.5	93	93.5
	64歳	94	94.5	95	95.5	96	96.5	97	97.5	98	98.5	99	99.5
	65歳	100	100	100	100	100	100	100	100	100	100	100	100
繰下げ受給	66歳	108.4	109.1	109.8	110.5	111.2	111.9	112.6	113.3	114	114.7	115.4	116.1
	67歳	116.8	117.5	118.2	118.9	119.6	120.3	121	121.7	122.4	123.1	123.8	124.5
	68歳	125.2	125.9	126.6	127.3	128	128.7	129.4	130.1	130.8	131.5	132.2	132.9
	69歳	133.6	134.3	135	135.7	136.4	137.1	137.8	138.5	139.2	139.9	140.6	141.3
	70歳	142（以降同じです）											

老齢年金ガイド平成31年度版　日本年金機構

保険料は会社と折半です。なお、労災保険は条件にかかわらずそのまま適用されます（保険料は全額会社負担）。

保険料は、会社との雇用関係がいったん中断したものとみなして、被保険者資格を喪失して同日付けで取得しなおす（「同日得喪」）手続きをすることで、再雇用後に給与が下がった場合には、再雇用後の給与額に基づいた新たな標準報酬月額が決定されます。

厚生年金保険は、70歳に達するまでは引き続き被保険者となりますので、保険料を支払うことになります。もちろん年金額に反映されますので、厚生年金に加入して働き続ければ、年金額が増えるのです。

増額されるのは、退職した翌月分からですが、65歳時、70歳時には在職中でも年金額が再計算され反映されます。

仮に、先の男性のように、基礎年金部分が満額（約78万円）でない人も、1年間働くと約2万円増えますので、働いた年数にともなって満額に近づきます。この男性の場合、4年間働くと満額になります（正確には厚生年金の経過的加算が増えることになります※2）。

では、この男性（1961年4月2日生まれ）が65歳以降70歳まで年収480万円で働いた場合、年金はどのくらい増えるのでしょう。

この男性は、大学院を卒業後36年間働き、平均年収は700万円です。60歳で仕事を辞めた場合の年金額は、基礎年金70万円、厚生年金138万円です。

70歳まで年収480万円で働いて保険料を納めると、年金は約242万円に増えて、それが一生続きます。

高い給料で働き続ければ、リタイア後に受け取れる年金額は増額します。しかも、健康保険も引き続き被保険者（75歳に達するまで）となれますので、病気や怪我で仕事を休んでも傷病手当金の受給ができますし、配偶者に収入がなければ、社会保険上の扶養者となり、健康保険料はいりません。

※2　特別支給の老齢厚生年金を受け取っていた方は65歳から受け取る老齢基礎年金は、特別支給の老齢厚生年金の定額部分にかえて受け取ることになりますが、当面は定額部分のほうが老齢基礎年金よりも高額になります。そのため、差額分の年金額を補うため、「経過的加算額」が支給されます。

経過的加算額＝定額部分に相当する額－厚生年金保険に加入していた期間について受け取れる老齢基礎年金の額

定額部分＝１６２６円×改定率×被保険者期間の月数（上限４８０月）

追記）その他の社会保障制度にかかる保険料は、介護保険も同じく同日得喪の手続きが可能です。ただし、65歳以上になると、介護保険料は給与からではなく年金から天引きされます。雇用保険は、週所定労働時間が20時間以上であり、かつ、31日以上の雇用の見込みがある場合は、継続して被保険者となります。

おわりに

これまで本書をお読みいただきありがとうございます。最後に、一つ、皆さんに考えていただきたいことがあります。お金って何か、何のために資産運用をするのかということです。もちろん老後の購買力を減らさないためというのは大切なことです。でも、お金を増やすことは人生の目的ではないでしょう。

今さらですがあえて。幸せってなに？

リタイアメントが現実味を帯びて感じられる今、改めて、「幸せってなに？」ということを考えてみましょうか。

あなたなら何と答えますか？

貯蓄が5000万円以上あれば幸せと言えるのか。年収が1000万円を超えたから幸せだと言えるのか。おそらく人生そんなに単純なものではないでしょう。

少し前の有名な話なのでご存じの人も多いと思いますが、ノーベル経済学賞を受賞した米プリンストン大学のダニエル・カーネマン教授が、「世帯年収が7万5000ドル以下の人は収入が上がるに比例して『喜び』や『満足感』などの幸福度が増幅するが、この金額を超えると幸福度は増幅しない」という調査結果を発表しました。現在（6月末）の日本円に換算すると、年収約804万円がボーダーラインになるといいます。それにならえば、収入が上がるにつれて「幸福感」は逓増していき、800万円あたりからは増えることはないとなります。

また、慶應義塾大学大学院教授の前野隆司氏によると、お金やモノや地位など、他人と比べられる地位財を得たことによる幸せは長続きしない幸せだといいます。これらは足りないと心配なので、人はまずそれらを求める。増えると幸せになりますが、ある程度満たされればそれ以上は幸せを感じないそうです。しかし、「友人関係」や「休日の充実度」などは相対比較とは無関係に幸福感を得ることができる「非地位財」なので、幸福度は持続しやすいということです。

年収約804万円のボーダーラインはともかくとして、年収が多いよりも、人間関係や時間の使い方が充実しているほうが「幸福感」をキープできるという結果です。

実は、ファイナンシャルプランニングを考えるときも、「結婚」「出産育児」「教育」「住宅購入」「老後生活」などいわゆるライフイベントと呼ばれるものにいくら資金が必要なのかというお金の問題だけではなく、仕事をどうするか、スキルアップや人脈について、家族関係やプライベートの人間関係や体調やセルフイメージなどを総合的に考えます。硬い言い方をすると、それを踏まえて、お金の問題を超えて戦略的に人生の目標を設定します。

もちろん、幸福の感じ方は人それぞれです。お金や名誉のために働くことに喜びを感じる人もいるでしょうし、個人的な人間関係や趣味、娯楽に人生の大半を捧《ささ》げて幸せを感じる人もいるでしょう。また、優先順位は年齢とともに変化するかもしれません。20代はめいっぱい遊び、30代はがむしゃらにキャリアアップに励む。60代はゆっくり旅行を楽しみたいとか。

さて今、皆さんは、今後の人生についてどう考えますか。社会貢献についても考えたくなる人も多いと思います。老後に保ちたい生活の質、住みたい場所、家はどうするのかなどなど、ぜひ考えてみてください。また、セカンドキャリアについても考える必要があるかもしれません。60歳で定年を迎え、65歳まで継続雇用で働くとしても、90歳まで25年、95歳までとすれば30年です。最近のシニアを見ても皆さん非常にお若く元気ですし、65歳以降も10年、15年は十分働けそうです。実際、少しでも収入を得ることができれば、「取り崩すだけ」よりも資産を長持ちさせることができます。張り合いもありますし、健康にもいいでしょうし、社会にも役立ちます。

少しでも長く働くためには、知識のブラッシュアップやスキルアップが必要になることも多いでしょう。リタイアメントへの助走期間、セカンドキャリアの準備を進めていかれるとよいでしょう。中には、起業を考えている方もいらっしゃると思います。得意分野で将来の展望があり、人脈がある、競合が少ないなど、成功にはいくつも複合的な要素が必要です。やる気だけではうまくいかないのも事実です。初期投資に多額の資金をかけないようにし、固定費をできるだけおさえるなど、くれぐれも慎重に考えられることをお勧めします。老後の資金まで投じてしまっては大変です。

一つの方法として、最近増えている副業で準備をするというものもあります。

先日、ご相談に来られた女性は、本業（不動産業）と副業（通訳）の二足のわらじを2年間ほど続けました。思っていた以上に通訳の仕事がうまくいったことで、精神的にも経済的にも会社への依存度は下がりました。この先、より長く仕事をしていくために、自分の好きなこと、やりがいを感じる仕事を生業《なりわい》にしたいと、2020年の東京オリンピックを控えて、独立を決意したそうです。最初は、会社員という安定を捨ててやっていけるのか、自分に本当に市場価値があるのか、考えれば考えるほど不安になったといいます。副業を通して準備ができてよかったと思います。

副業は、2018年1月に政府が、「副業・兼業の促進に関するガイドライン」を策定したことなどを受けて、副業を認める企業も少しずつ増えているようです。しかし、社会保障制度という観点では注意点もあります。

業務上の事由または通勤による労働者の負傷、疾病、障害、死亡等に対し、必要な保険給付等が行われる「労働者災害補償保険（労災）」というものがあります。政府が管掌《かんしょう》していて、労働者を一人でも雇用する事業は労災保険の「適用事業所」となります。ですから、「適用事業所」に雇用されて、賃金を支払われていれば（使用従属関係にある）「適用労働者」となります。副業でアルバイト、パートとして、また派遣労働者であっても、「労働者」であれば、業務上の事由または通勤による負傷、疾病、障害、死亡等に対して保険給付等は受けられます。

しかし、請負での仕事、委任を受けての仕事、また自営業者（特別加入者は除く）は「適用労働者」にはなりません。（労働実態によって「適用労働者」となる場合もあります）。私のところにご相談に来られたケースで言えば、今、街でよく見かける自転車によるフードデリバリーサービスの仕事は「請負」です。もし、業務上に事故にあっても労災の保険給付は一切受けられません。本業が会社員で健康保険の被保険者なら、労災給付の対象とならない場合は、原則として健康保険給付の対象となります。療養のために労務に就くことができないときは、その労務に服することができなくなった日から起算して継続3日を経過した4日目から傷病手当金を受給できます。しかし、もし、副業のことを会社に伝えていない場合、副業による怪我で仕事を休むことになれば、本業への支障をきたしているということになるでしょう。会社や同僚からの信頼まで失いかねません。

また、先の副業で通訳をしていた女性は、それぞれの会社で労災の「適用労働者」です。仮に、通訳として仕事をしている最中に事故で怪我をし、仕事ができない状況になった場合は、休業期間中の収入保障として「休業補償給付」が受けられます。「休業補償給付」は、療養のために労働することができないために賃金を受けられない日の第4日目から支給されます。

しかし、支給額は、労災事故が起きた通訳をする会社から支払われる賃金に基づいて算出されます。不動産会社の仕事も休むことになってもこちらの賃金は加味されませんので、十分な補償が受けられなくなることも考えられます。勤務する2社ともに社会保険の加入条件を満たして健康保険に加入していますが、労災認定された怪我での休業への「傷病手当金」は対象外です。

一つの会社、一つの仕事に縛られない生き方、新しい働き方への挑戦は大切ですが、無理なくできる環境を整えることも重要です。万一のときに、自分の生活や人生にマイナスになるようでは本末転倒ですので、十分に気をつけていただきたいと思います。

私の師匠の投資教育家でファイナンシャル・ヒーラー®の岡本和久先生は、いつも、「人生はお金持ちになるためにあるのではありません。しあわせ持ちになるためにあるの」とおっしゃっています。

また、岡本先生は、幸せな人生のためには、「六つの富（ふ）」が必要だといいま
ファイナンシャルアセット（金融資産）、**フィットネス**（心と体の健康）、**ファミリ**
無償の愛で結ばれた身近な存在）、**フレンド**（仲の良い気の合う仲間、友達、交友関係）、**フ**
しみ、趣味）、**フィランソロピー**（社会貢献）です（すべて英語で「F」、「ふ」で始ま
つの富」）。六つがそれぞれ程よくバランスが取れていると幸せになります。詳し
本先生の『お金と心〜200パーセントのしあわせ持ちになれるシンプルな生
本和久著　知玄舎）をぜひお読みください。

私も人生後半戦、これら一つひとつを改めて考えていきたいなと思います。

「大切なのは、足るを知る（知足）こと。次々に新しいことを求めていると、どこまで行っても満足感は得られません。気持ちの持ち方で感じる幸せも多くなります」という岡本先生の言葉もお伝えしておきます。

ぜひ、皆さんも改めて、自分のライフプランについて考えてみませんか。

最後に、執筆の機会をくださり、ご編集をしていただいた唐津隆さんに心よりお礼申し上げます。

岩城みずほ

[略歴]

岩城みずほ（いわき・みずほ）

ファイナンシャル・プランナー、CFP 認定者。慶應義塾大学卒。NHK 松山放送局、フリーアナウンサーを経て、FP 資格を取得。特定の金融商品等に荷担することなく個人の家計相談、セミナーなどを行う。日本経済新聞「家計のギモン」、東洋経済オンライン、毎日新聞「経済プレミア」、マネー現代(講談社)、マネーの達人、WEZZY 等で執筆、日経新聞読み方講師などを務める。著書に『「保険でお金を増やす」はリスクがいっぱい』『「お金」の考え方 このままでいいのか心配です。』（いずれも日本経済新聞出版社）、『腹黒くない FP が教えるお金の授業』（三笠書房）、『人生にお金はいくら必要か』（東洋経済新報社）など多数ある。

やってはいけない！ 老後の資産運用

2019年 8 月 1 日　　第 1 刷発行

著　者　岩城 みずほ

発行者　唐津 隆

発行所　株式会社ビジネス社

〒162-0805　東京都新宿区矢来町114番地 神楽坂高橋ビル5F
電話　03(5227)1602　FAX　03(5227)1603
http://www.business-sha.co.jp

〈カバーデザイン〉中村聡
〈組版〉茂呂田剛（エムアンドケイ）
〈印刷・製本〉中央精版印刷株式会社
〈編集担当〉本田朋子　〈営業担当〉山口健志

ISBN978-4-8284-2110-0

ビジネス社の本

河合雅司の未来の透視図

目前に迫るクライシス2040

河合雅司……著

定価　本体1100円＋税

ISBN978-4-8284-2006-6

これが日本消滅のスケジュールだ！
『未来の年表』の著者が提示する
「恐るべき」日本の悪夢
『未来の年表』の完全図解、副読本！

本書の内容

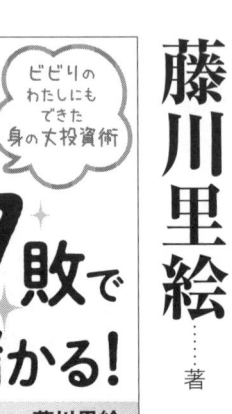